日本語検定公式テキスト・例題集

「日本語」

――上級

増補改訂版

目次

●日本語検定

日本語の総合的な運用能力を測るため、６つの領域から幅広く出題します。

敬語　場面や相手に応じて、尊敬語や謙譲語を適切に使い分けることができる。

文法　規範的な文法にしたがって語と語を連接させることができる。

語彙　さまざまな言葉を正しく理解し、適切に使うことができる。

言葉の意味　慣用句なども含め、意味と用法を的確に把握することができる。

表記　漢字、仮名遣い、送り仮名について、文脈に合った適切な使い方をすることができる。

漢字　漢字や熟語の読み方と意味を理解し、適切に使い分けることができる。

総合問題…右の６領域にとどまらず、読解問題なども扱う。長文を材料にした問題、グラフや表、イラストマップを使った問題などで構成。

受検級の目安

〈受検級〉	〈本テキストの分類〉	〈認定級*〉	〈各級のレベル〉
１級		１級または準１級	社会人上級レベル
２級	上級	２級または準２級	大学卒業レベル〜社会人中級レベル
３級	中級	３級または準３級	高校卒業レベル〜社会人基礎レベル
４級		４級または準４級	中学校卒業レベル

＊得点率に応じて、二種類の認定があります。

5級　6級　7級

初級

5級または準5級　小学校卒業レベル
6級または準6級　小学校4年生レベル
7級または準7級　小学校2年生レベル

＊検定開始時刻が異なる場合に限り、併願受検が可能です。
＊金曜日実施の準会場では、任意の時間に実施できます。

日本語の総合的な能力を測る

6つの領域でバランスよく得点することが必要です。領域別得点率が一定の基準に満たない領域がある場合には、認定されません（7級を除く）。

認定基準

総合得点率と領域別得点率の
両方の基準を満たすことで認定されます。

認定級	総合得点率	領域別得点率
1級	80%程度以上	50%以上
準1級	70%程度以上	
2級	75%程度以上	
準2級	65%程度以上	
3級	70%程度以上	
準3級	60%程度以上	
4級	70%程度以上	
準4級	60%程度以上	
5級	70%程度以上	
準5級	60%程度以上	
6級	70%程度以上	
準6級	60%程度以上	
7級	70%程度以上	領域なし
準7級	60%程度以上	

▼その他、詳細はお問い合わせください。

日本語検定委員会
⦿電話　0120—55—2858
⦿公式ホームページ　https://www.nihongokentei.jp

執筆担当分野

敬語：須永哲矢＋速水博司
文法：安達雅夫
語彙・言葉の意味：須永哲矢
表記・漢字：川本信幹＋須永哲矢

装丁…………………………金子裕（東京書籍デザイン部）
本文デザイン・組版……牧屋研一

※このテキストは、日本語の能力を高めるためにたいせつなポイントをまとめたものであり、必ずしも、「日本語検定」の出題範囲のすべてを示すものではありません。

※検定問題の解答・解説は日本語検定委員会によるものを、必要に応じ著者により改編しました。

●敬語

敬語運用能力における「上級」とは

日本語でコミュニケーションをするには、敬語は欠くことができない表現の方法である。さまざまな人間関係や場面に応じて、敬語が適切に使えるということは、社会人としての常識でもあり、自分自身の表現にもなろう。

日本語検定上級受検者に向けての敬語の項目としては、まずは五分類に変更された新たな分類法や、より詳細な規則や例外を見ていくことになる。このような詳細な知識を身につけていくことは敬語学習において必須であるが、実地での敬語運用は、知識だけですべて対応できるわけではない。最終的に要求されるのは総合的な判断力である。確かな知識の定着を土台に、知識の適用だけでなく、その場その場での判断ができるレベルに達してこそ、上級と認定される。そこで本章の終盤では、個別の知識を超えた、各場面での考え方、判断の仕方を紹介する。

なお、日本語検定では敬語を含む文法用語が出題されることは基本的にない（後述の例題・検定問題文を参照）。

敬語の種類と働き

ここでは新たに提示された五分類法を紹介する。

三分類から五分類へ

敬語はこれまで、「尊敬語」「謙譲語」「丁寧語」の三種類に分けて説明されてきたが、平成十九年二月、文部科学大臣に文化審議会が答申した「敬語の指針」では、五種類に分けた考え方を提示している。謙譲語が「Ⅰ」と「Ⅱ」に分けられ、丁寧語から「美化語」が分離されたのである。これは従来の三分類を否定して新たな分類基準を提示したのではなく、従来の三分類を前提に、細分化を行ったものと位置づけられる。従来の三分類が敬語理解の出発点となることには変わりなく、より正確な理解のために五分類という詳細な観点があると把握しておけばよい。

なぜ、このような分類となったのか。

敬語は、人間の固定的な上下関係と密接に関連している時代もあったが、現代社会においては*、その場の人間関係や場面などによって、その都度選択される表現方法の一つになったからである。「敬いの気持ちを持つから使う」ということに限らず、敬語を使わないと常識がない、失礼と見られるから使う、依頼や謝罪をするには自分がへりくだって対応しないと成果が上がらないから使う、相手とは一定の距離を置いていたいから使うなど、敬語を使う理由はさまざまである。このようなさまざまな顧慮に基づいて使われるので、説明・分類もそれにふさわしいものに変えることが必要になったのである。

また、言葉遣いの変化に伴って、これまでの三分類法では分類に無理が生じてきた。謙譲語では、これまで謙譲語の基本的な特徴とされてきた動作の受け手に対する表現とは異なるものが見

＊敬語の使われ方の変化

古典語における敬語は固定的な人間関係と密接に関係している「絶対敬語」であったのに対し、現代においては「相対敬語」化が進んでいる。相対化の一つの現れとして、同じ人を話題にするにしても場面によって敬語の使い方が変わる、という現象（38ページ「ウチとソト」参照）が見られるが、これは現代に特徴的な敬語の使い方である。

られるようになったため、通常の謙譲語とは区別すべきだという意見が出された。*
また、美化語も丁寧語とは異質なので分立させたほうがよいという見方がとられた。

五種類の敬語

五種類の敬語の働きと性質については次のようにまとめられる。

(1)「**尊敬語**」とは、相手側または第三者の行為・物事・状態などについて、その人物を立てて*述べる語である。例えば、「いらっしゃる・おっしゃる・なさる・召し上がる・お使いになる・ご利用になる・読まれる・始められる・お導き・ご出席・お名前・ご住所・お忙しい・ご立派・(立てるべき人物からの)ご説明・(立てるべき人物からの)お手紙」などである。

(2)「**謙譲語Ⅰ**」とは、自分側から相手側または第三者に向かう行為・物事などについて、その向かう先の人物を立てて述べる語である。例えば、「伺う・申し上げる・お目に掛かる・差し上げる・お届けする・ご案内する・(立てるべき人物への)お手紙・(立てるべき人物への)ご説明」などである。

(3)「**謙譲語Ⅱ**」(「丁重語」ともいう)とは、自分側の行為・物事などを、話や文章の相手に対して丁重に述べる語である。例えば、「参る・申す・いたす・おる・拙著・小社」などである。

(4)「**丁寧語**」とは、話や文章の相手に対して丁寧に述べる語である。例えば、「です・ます・ございます」などである。

(5)**美化語**とは、物事を、美化して述べる語である。例えば、「お米・お料理」などである。

***通常の謙譲語と区別**
詳細は11ページ「五分類による新しい見方」、特に13ページ「謙譲語の新分類」参照。

*** 「立てる」**
敬語の説明にはこれまで、「敬意を表す」「敬う」などの言葉が使われてきたが、「敬語の指針」では、それらを極力使わず、「立てる」と表現している。現代において敬語は、相手を心から敬っていることの表現とは限らず、社会的な約束事として敬語を用いたり、距離を置きたいために用いたりすることもあるので、敬語の定義においては厳密には「敬う」では狭すぎるからである。

以下、参考までに「立てる」という用語法に

五分類による新しい見方

学校教育等における一般的な敬語分類の観点

ここで、従来の三分類、「尊敬語」「謙譲語」「丁寧語」とはそもそもどういうものなのか、その説明原理に立ち返って考えてみよう。

初心者に敬語というものについてどのように説明するかを考えてみると、その説明方法には、一般に二つの異なった観点があることが分かる。

【敬語の分類方法1　自分と相手との上げ下げ関係による分類】

一つは、従来の小中学校での説明などで広く用いられてきた、〈上げ下げ〉の感覚による説明である。

◎尊敬語…相手のすることを高めて言う。

「先生がいらっしゃる」……敬うべき相手「先生」が「来る」ので「**いらっしゃる**」という高めた表現をする。

◎謙譲語…自分のすることを下げて、へりくだって言う。

「私が申し上げる」……自分が「言う」ことをへりくだって「**申し上げる**」という表現をする。

◎丁寧語…自分を下げたり、相手を上げたり、ということはせず、ただやわらかい丁寧な言い方をする。

ついて、「敬語の指針」での説明を引用する。〈尊敬語を使う心理的な動機としては、「その人物を心から敬って述べる場合」、「その状況でその人物を尊重する述べ方を選ぶ場合」、「その人物に一定の距離を置いて述べようとする場合」など、様々な場合があるが、いずれにしても、尊敬語を使う以上、その人物を言葉の上で高く位置付けて述べることになる。以上のような様々な場合を通じて、「言葉の上で高く位置付けて述べる」という共通の特徴をとらえる表現として、ここでは「立てる」を用いることにする。〉

「今日は日曜日です」……「日曜日だ」よりやわらかい表現として「です」「ます」調で言う。上げ下げをしているわけではない。

【敬語の分類方法２　敬意の対象による分類】

もう一つは高等学校・古典語での敬語で用いられる説明方法で、〈誰への敬意を示すか〉によって敬語を分類するものである。

◎尊敬語…その行為の主体への敬意（*為手《して》尊敬）

「AさんがBさんにおっしゃる」……「言う」主体であるAさんへの敬意。Aさんに気を遣って「**おっしゃる**」を選択。

◎謙譲語…その行為の向かう先・受け手への敬意（*受け手尊敬）

「AさんがBさんに申し上げる」……「言う」相手であるBさんへの敬意。Bさんに気を遣って「**申し上げる**」を選択。

◎丁寧語…読者・聞き手への敬意（*聞き手尊敬）

「AさんがBさんに言います」……敬意を示している相手はAさんでもBさんでもなく、読者・聞き手。聞き手に気を遣って「**です・ます**」調を選択。

分類方法１は自分を基準とした、相手との相対的な上下関係による分類、分類方法２は自分を基準とするわけではなく、その発話において敬意を払うべき相手は誰かによる分類である。現代語での敬語の感覚は主に分類方法１でなされており、一方で*古典語の敬語は分類方法２でイメージされる。

この二つの分類方法それぞれの定義によって敬語の分類がずれてくるものがある。この、二つ

＊為手尊敬
動作・状態の主体を高める語なので、その観点からは「動作主尊敬語」、「為手尊敬語」とも呼ばれる。

＊受け手尊敬
動作の対象を高める語なので、「尊敬」に合わせた定義としては、「対象尊敬語」、「受け手尊敬語」とも呼ばれる。

＊聞き手尊敬
話の中の人物ではなく、聞き手を高める語なので、「尊敬」に合わせた定義としては「聞き手尊敬」とも呼ばれる。尊敬語と謙譲語の敬意の対象は「文の中の登場人物」であるのに対し、丁寧語での敬意の対象は「目の前の話し相手」であり、この点で丁寧語は大き

の観点から見たときに敬語分類がずれるものが、新たな分類として立てられた「謙譲語Ⅱ」「美化語」だと位置づけられる。

謙譲語の新分類

「敬語の指針」では従来「謙譲語」として一括されていた語のうち、性質の異なるものが「謙譲語Ⅱ」として区別された。「行く」の謙譲語としては「参る」「伺う」などが挙げられるが、このうち「参る」が新たに切り分けられた謙譲語Ⅱである。

謙譲語Ⅱ「参る」は、例えば「今度の日曜は祖母の家に参ります」のような使用法が可能であるが、通常の謙譲語（謙譲語Ⅰ）の「伺う」では「祖母の家に伺います」は不適切である。

現代の感覚において「参る」は謙譲語に分類されるが、これは分類方法1、〈自分のすることを下げて、へりくだって言うのが謙譲語〉という定義感覚に当てはまるからである。しかし一方で、分類方法2の観点から、この文における敬意の対象を考えると事情は変わってくる。謙譲語の敬意の対象は、その〈動作が向かう先〉であり（「先生のところに伺います」など）、「伺う」のような通常の謙譲語（謙譲語Ⅰ）では、その向かう先が「祖母」など立てるべきでない身内である場合には不適切になるのはこのためである。これに対し「参る」において「祖母の家に参ります」が適切になるのは、敬意の対象が「祖母」ではなく、祖母の家に行くという内容を、聞き手に丁重に述べているだけだからである。つまり、分類方法2、〈誰への敬意を示すか〉で分類するならば聞き手への敬意ということになり、丁寧語*と同じということになる。

このように、分類観点1、〈上げ下げの感覚〉で判別するならば謙譲語と認定されるもののうち、分類観点2、〈敬意の対象〉の観点で判別すると丁寧語と同じ、という位置づけになるもの

く異なる。このような観点からは、「素材敬語」と「対者敬語」という分類観点もある。

文中の登場人物（話の素材）を立てる敬語を素材敬語、その文の聞き手、読み手を立てる敬語を対者敬語という。尊敬語と謙譲語は素材敬語、丁寧語は対者敬語である。

＊現代語と古典語

これは、時代とともに敬語のあり方が変化してきたことに起因するもので、古典語の敬語は、敬うべき相手に言及するには必ず敬語を使う、という絶対的な体系であったため、敬う対象がどこにいるか、それによって敬語を選択する、という分類方法2での敬語観が適用される。これに対

が「謙譲語Ⅱ」として区別されたととらえられる。

謙譲語Ⅱ*……分類観点1：自分のすることを下げて表現する、という点からは謙譲語（ただやわらかく言うだけではないので丁寧語ではない）。

分類観点2：話し相手に対する敬意から選ばれた表現、という点からは丁寧語（その動作の向かう相手への敬意ではないので謙譲語ではない）。

美化語の特徴

分類観点1、〈ただやわらかい言い方〉という限りにおいては、「〜です」「〜ます」調といった話し方も、「お水」「お茶」のように、「お」を付けた表現も、ともに丁寧語といえることになる。しかし、「です」「ます」が完全に聞き手を意識した「話し方」、すなわち聞き手に対する敬意から選択された言い方であるのに対し、「お水」「お茶」という表現は聞き手に対して気を遣った言葉遣いというよりも、単に美化し、上品な言い方を選択しているだけであり、相手への敬意はきわめて希薄である。「お」「ご」の敬語分類はさまざまにありえ、例えば相手からの手紙を「お手紙」と言うのは手紙の出し主である相手へ気を遣っての表現であるから尊敬語と認定されるが、これに比して「お茶」「お水」といった類は誰かに敬意を向けているとは考えにくい。これらは分類観点2に照らすならば、為手・受け手への敬意がないのはもちろん、聞き手への敬意もなく、尊敬・謙譲・丁寧のいずれにも当たらない。これを「美化語」として切り分けたのである。

美化語……分類観点1：上げ下げにかかわらない、単にやわらかい言い方であり、丁寧語。

分類観点2：為手・受け手・聞き手いずれに対する敬意もなく、単に上品な言い方というだけであり、その点では尊敬・謙譲・丁寧のいずれでもない。

し現代語では、場面や相手によって敬語の使い方は変わりうる。例えば、上司である部長本人を前にしては「明日はいらっしゃいますか」と尊敬語を使っていても、同僚どうしでは「明日部長さん来るかな」と尊敬語を使用しない、という場合も見られる（38ページ「ウチとソト」参照）。これは敬語の使い方が場面によって相対化したということであり、そのために現代語では「自分側と相手側」という相対関係によって敬語がイメージされる。

＊丁寧語と同じ

「素材敬語」「対者敬語」という分類法では、尊敬語と謙譲語Ⅰが素材敬語、謙譲語Ⅱは丁

敬語の形*

各種の敬語はどのような形をしているかをここで確認しておこう。

〔1〕尊敬語

尊敬語とは、相手側または第三者の行為・物事・状態などについて、その人物を立てて述べる語である。

動詞述語を尊敬語の形にする場合

動詞の尊敬語の形は、「おっしゃる」のように動詞そのものを尊敬としての形（特定形）に言い換える場合と、「お（ご）～になる」のように広くいろいろな語に適用できる一般的な語形（一般形）を付加する場合とがある。

①特定形の主な例

「行く・来る・いる」⬇**「いらっしゃる」**、「言う」⬇**「おっしゃる」**、「する」⬇**「なさる」**、「食べる・飲む」⬇**「召し上がる」**、「くれる」⬇**「くださる」**、「来る」⬇**「見える」**、「着る」⬇**「召す」**など

寧語と並んで対者敬語ということになる。

＊謙譲語Ⅱ

謙譲語Ⅱは、先生に対して「祖母のところに参ります」と言うように、〈行為の向かう先〉（「祖母」）が敬意の対象でなくても、話し相手（「先生」）に対する敬意の表現であるために使用可能である、というだけであって、行為の向かう先が敬うべき人物である場合でも、その使用を妨げるものではない（先生（A）に対し、「先生（B）のところに参ります」と言う場合）。この場合、「先生への敬意の表明」という限りでは「先生のところへ伺います」と変わらないが、理念としては、「先生のところへ参り

②一般形の主な例

●**【お（ご）～になる】**「聞く」⬇「お聞きになる」、「出席する」⬇「ご出席になる」

この形には、「見る」⬇「ご覧になる」、「来る」⬇「おいでになる」、「寝る」⬇「お休みになる」、「着る」⬇「お召しになる」のように、もとの動詞に「お（ご）～になる」を挟むのではなく、動詞の表現自体を変える変則的な作り方をする語がある。

●**【～られる・～れる】**「聞く」⬇「聞かれる」、「始める」⬇「始められる」、「来る」⬇「来られる」、「出席する」⬇「出席される」

●**【～なさる】【ご～なさる】**「○○する」というサ変動詞については、「する」を尊敬語「なさる」にすることで尊敬語化することができる。「出席する」⬇「出席なさる」

さらにこの形は「ご」を付けることもある。「出席する」⬇「ご出席なさる」

●**【お（ご）～だ】**「出席する」のような「名詞＋する」の名詞の部分（「出席」）や、もとの動詞を連用形にすることで名詞化した形（「考える」→「考え」）に「お（ご）」を付加し、名詞述語化する形で尊敬表現をつくることができる。「考える」⬇「お考えだ」、「出席する」⬇「ご出席だ」

●**【お（ご）～くださる】**相手の行為がこちらの利益になってありがたい、ということを表現するために「～してくれる」という言い方がある。例えば、「考える」⬇「考えてくれる」。この「くれる」を尊敬語「くださる」にした「考えてくださる」という表現方法はもちろん可能だが、これ以外にも「名詞＋する」の名詞の部分や、もとの動詞を連用形にすることで名詞化した形から「お（ご）～くださる」という形を作ることもある。「考える」⬇「お考えくださる」、「指導する」⬇「ご指導くださる」

ます」（謙譲語Ⅱ）は実際の聞き手・話し相手としての「先生」（A）へ、「先生のところへ伺います」（謙譲語Ⅰ）は文中の登場人物としての「先生」（B）へ、それぞれ敬意を示すという違いがある。

〈向かう先〉

例えば、「先生にお届けする」「先生をご案内する」などの「先生」は、自分（側）の行為の〈向かう先〉であるが、このほか「先生の荷物を持つ」「先生のために皿に料理を取る」という意味で「お持ちする」「お取りする」と述べるような場合の「先生」も〈向かう先〉である。謙譲語Ⅰは、このように立てるのにふさわしい〈向かう先〉への行為や物以上のように、動詞の尊敬語の形にはさまざまな方法があり、一つの動詞に対し、敬語の形は一つではない。例えば「飲む」を尊敬語にする場合、「お飲みになる」「召し上がる」「飲まれる」「お飲みだ」など、さまざまな形がありうる。上級として注意しておくべきことは、それらすべての形の機能は全く変わらないというわけではなく、場面や状況によって、なじみやすい形・なじみにくい形があるということである。そこで、実際の会話の中で、どの形がよりふさわしいかを判断する感覚を磨いていかなければならない。

大きな傾向としては、例えば次のようなことがいえる。

●「~られる・れる」による形は、敬意が軽いとされる。

「いらっしゃる」「お越しになる」等に比して、「来られる」は敬意が軽いため、より改まった場面では「~られる・れる」以外の表現を使うほうがよい。

●「~してくれる」というニュアンスを持たせる表現としては、「くれる」を「くださる」と尊敬語化した「~してくださる」よりも「お(ご)~くださる」という形のほうがより改まった感じになる。

ご指導くださる　⟷　指導してくださる

●「お(ご)~だ」の形は、尊敬すべき本人に対して使うよりも、第三者に対して使うことが多い。(部下に、山田さんが帰ることを伝えるとき)「山田様がお帰りだ」

動詞以外の述語を尊敬語の形にする場合

日本語の文の中には、動詞述語文以外に、形容詞・形容動詞(「美しい」「立派だ」など)を述語にする文や、「努力家だ」「犬だ」のように名詞を述語とする名詞述語文も存在する。

事に限って使う。

＊敬語の形

敬語の形を作る方法は、「交替」「添加」の二つの方法に大別される。もとの語を専用の語に言い換える場合を「交替」、もとの語に敬語専用の形式(語形)を加える場合を「添加」と呼ぶ。後述の特定形が交替、一般形が添加に当たる。

しかし、述語を敬語化する方式は、動詞文を基盤としているため、これら動詞以外を敬語化する方法は動詞ほど多様ではない。それらの大部分は、一度動詞述語の形にし、その動詞を敬語化しているととらえることができる。ここでは形容詞・形容動詞・名詞述語文での敬語化のあり方を確認しよう。

形容詞・形容動詞述語の場合

形容詞や形容動詞では、語によっては「**お忙しい**」「**ご立派だ**」のように、「お」「ご」を付けて尊敬語にすることができる。ただしこれらは比較的新しい言い方で、「お赤い」「お難しい」などが不自然なように、むしろこの方式が許容されない語のほうが多い。

「お」「ご」のなじまない語でも、「(指が) **細くていらっしゃる**」「**積極的でいらっしゃる**」のように、「～くていらっしゃる」「～でいらっしゃる」の形で尊敬語にすることができる。これらは「細い」をもとに「細くている」、「積極的だ」をもとに「積極的である」のように、もとの形容詞・形容動詞に動詞「いる」「ある」を接続し、動詞文にしたうえで、その「いる」「ある」を尊敬語「いらっしゃる」にしているのである。こちらの形式のほうが汎用性が高いうえ、形容詞・形容動詞そのままの形に「お（ご）」を付けただけの形よりも改まり度合いが高い。

なお、「お」「ご」を付けられる語の場合は、「お美しくていらっしゃる」「お忙しくていらっしゃる」「ご立派でいらっしゃる」のように「お」「ご」を付けたうえで、「～くていらっしゃる」「～でいらっしゃる」の形と併用することもできる。

名詞述語文（「名詞＋だ」）の場合

「名詞＋だ」に相当する内容を尊敬語で述べる場合は、「**先生は努力家でいらっしゃる**」のように、「名詞＋でいらっしゃる」とする。これも「努力家だ」を「努力家である」のように動詞「ある」「いる」を用いて動詞文にし、「ある」「いる」を尊敬語「いらっしゃる」にしている。

このように、述語を尊敬語化すると言っても、尊敬語化になじむ述語は基本的に動詞であり、「お（ご）」を付けることのできる一部の形容詞・形容動詞を除くと、動詞以外の述語を尊敬語化するには動詞「ある」「いる」を介在させてそれを尊敬語化しているにすぎない。現実的には「〜いらっしゃる」という形での言い方を利用する、ということを押さえておくとよいだろう。

名詞を尊敬語の形にする場合

以上は述語を尊敬語化する場合であるが、実際の敬語というのは、文末述語の形を変えるだけではなく、文中の名詞についても、敬語化が行われる。

一般には、「お名前」、「ご住所」のように、敬うべき相手にかかわるもの（所有物・側面・作品など）に「お」または「ご（御）」を付けたものが名詞としての尊敬語である。

このほか上級で気をつけたいのは、名詞によって「お（ご）」を付ける以外にもさまざまな尊敬表現があるという事実である。特に改まった書き言葉で必要とされる知識であるが、「**御**（**お**ん）**地**」「**貴信**」「**玉稿**」のように、「御（おん）」「貴」「玉」などを付けた名詞や、「**ご高配**」「**ご尊父**（**様**）」「**ご令室**（**様**）」のように、「ご」とともに「高」「尊」「令」などを加えたりして、尊敬語として使うものがある。これらは改まった文書を書く場面でないと触れることがないので、意識的に知識を増やしていく努力が必要である。特に名詞においては、会話とは別に文書特有の尊敬表現が存在するため、そのような注意・関心を持って日頃から文書に目を通しておくとよい。

●**尊敬の接頭語**
「お」…おからだ・お写真・お名前・お導き・おもたせ・（立てるべき人物からの）お手紙・お電話など。
「ご（御）」…ご住所・ご意見・（立てるべき人物からの）ご説明など。
「おん（御）」…御社・御地など。

〔2〕謙譲語Ⅰ

*謙譲語Ⅰとは、自分側から相手側または第三者に向かう行為・物事などについて、その〈向かう先〉の人物を立てて述べる語である。

動詞述語を謙譲語Ⅰの形にする場合

動詞の謙譲語Ⅰの形は、「**伺う**」のように動詞そのものを謙譲語としての特定形に言い換える場合と、もとの動詞に「お（ご）～する」のような一般形を付加する場合とがある。

①特定形の主な例

「訪ねる・尋ねる・聞く」➡「**伺う**」、「言う」➡「**申し上げる**」、「知る」➡「**存じ上げる**」、「上げる」➡「**差し上げる**」、「もらう」➡「**いただく**」、「会う」➡「**お目に掛かる**」、「見せる」➡「**お目に掛ける・ご覧に入れる**」、「見る」➡「**拝見する**」、「借りる」➡「**拝借する**」など

②一般形の主な例

●**【お（ご）～する】**「届ける」➡「**お届けする**」、「案内する」➡「**ご案内する**」

●**【お（ご）～申し上げる】**「届ける」➡「お届け申し上げる」、「案内する」➡「ご案内申し上げる」

謙譲語Ⅰは、その述語で表される〈行為の向かう先〉を立てる表現なので、自分（側）の行為の〈向かう先〉がある動詞に限って、この形を作ることができる。

「ぎょ（御）」…御製・御物など。
「み（御）」…御子・御心。
「貴」…貴兄・貴校・貴社・貴信など。
「玉」…玉稿・玉章など。
「高」…（ご）高見・（ご）高配・（ご）高名など。
「尊」…尊兄・（ご）尊父など。
「芳」…（ご）芳志・（ご）芳書・（ご）芳名など。
「令」…（ご）令室・（ご）令嬢・（ご）令息など。
「賢」…賢兄・（ご）賢察など。

●**尊敬の接尾語**
「さん・様・殿・氏・方」や敬称を示す役職名「先生・社長・課長」などを付ける。

●**特定の助詞を用いた尊敬表現**
「特定の助詞」を使って話題の人を立てる。
「には」…先生にはお

例えば、「届ける」や「案内する」は自分（側）の行為の向かう先、すなわち「届け先」や「案内される相手」が存在するので、「**お届けする**（お届け申し上げる）」「**ご案内する**（ご案内申し上げる）」という形を作ることができるが、これに対し「食べる」は食べるという行為の向かう、敬うべき相手が想定できないので、「お食べする」というような謙譲語を作ることはできない。

●**【～ていただく】【お（ご）～いただく】** 相手の行為がこちらの利益になってありがたい、ということを表現するために「**～してくれる**」「**～してもらう**」という言い方がある。

「～してくれる」の主語は相手であり、これを敬語化する場合は相手の行為を敬語化するため、尊敬語となる（16ページ【お（ご）～くださる】の項参照）。一方、「してもらう」という表現においては、してもらう主体は自分であり、「自分が、立てるべき相手から～してもらう」という意味構造なので、ここでは謙譲語を用いて表現することになる。この場合は「もらう」の謙譲語Ⅰ「いただく」を用い、「**～していただく**」という言い方になる。

例えば、「読んでもらう」⬇「**読んでいただく**」。さらに、より改まった形式として、「名詞＋する」の名詞の部分や、もとの動詞を連用形にすることで名詞化した形から「**お（ご）～いただく**」という形を作ることもある。「読む」⬇「お読みいただく」、「指導する」⬇「ご指導いただく」

動詞以外の述語を謙譲語化する方法は基本的に存在しない。尊敬語の理念は、〈相手を立てる〉ということなので、立てるべき相手の行為（動詞）や状態（形容詞）など、さまざまな尊敬表現がありうるが、謙譲語Ⅰは〈自分側の行為の向かう相手を立てる〉というものであるため、基本的に謙譲語化される述語は相手に向かう行為を表す語、すなわち動詞に限られる。形容詞等が表

元気でお過ごしのことと……。

「にも」…皆様にもお変わりなくお過ごしのことと……。

「におかれては」…先生におかれてはますますご健勝の由、大慶に存じます。

＊謙譲語Ⅰ

なお、〈向かう先〉の人物が存在しても、慣習上「お～する」という表現がなじまない語もある。例えば、「お憧れする（お憧れ申し上げる）」「ご賛成する（ご賛成申し上げる）」など。

す状態などでは、それが向かう相手は想定されないため、必然的に謙譲語Ⅰの表現はありえない。わずかながら存在する謙譲語Ⅰの形容詞は、「高山さん、ハーバードへ留学なさるそうです。おうらやましい」「私には先生がお懐かしい」の「**おうらやましい**」「**お懐かしい**」程度であり、このように〈向かう先〉が想定できるような形容詞はまれである。

自らのことを聞き手に対して丁重に述べるという謙譲語Ⅱであれば、〈向かう先〉がなくとも形容詞等の謙譲語化も理論上ありうるが、後述するように謙譲語Ⅱの形式は限られており、形容詞述語には対応していない。自分のことについて、形容詞述語などを用いて敬語表現したい場合は丁寧語「ございます」などを用いた表現を使えばよい（25ページ「丁寧語」参照）。

名詞を謙譲語Ⅰの形にする場合

尊敬語において、文末述語以外にも、文中の名詞においても尊敬語表現がありえたように、謙譲語Ⅰにおいても、名詞の謙譲語Ⅰ表現がありうる。繰り返しになるが謙譲語Ⅰというのは行為の向かう先への敬意を示すものであるため、自分側から相手に向かう名詞に「お」または「ご」を付加したものは、謙譲語Ⅰと認定される。例えば「（先生への）**お手紙**」、「（先生への）**ご説明**」などである。

このほか、「**拝顔**」「**拝眉**」のように、接頭辞「拝」の付いた謙譲語Ⅰの名詞もある。

〔3〕謙譲語Ⅱ

謙譲語Ⅱ（「丁重語」ともいう）とは、自分側の行為・物事などを、話や文章の相手に対して丁重に述べる語である。

動詞を謙譲語Ⅱの形にする場合

謙譲語Ⅱは、語数も限られているので覚えてしまいたい。謙譲語Ⅱの動詞は「参る・いたす・おる・存じる・申す」などである。

〔定形の主な例〕

「行く・来る」⬇「**参る**」、「言う」⬇「**申す**」、「する」⬇「**いたす**」、「いる」⬇「**おる**」、「知る・思う」⬇「**存じる**」など

●丁寧語「〜ます」との複合

謙譲語Ⅱは、「参る。」「申す。」のようにそれのみで述語として用いられることはありにくく、一般に丁寧語「〜ます」を伴った形（「**参ります。**」「**申します。**」）で使われる。そもそも敬語というのは、通常より改まった言い方であるため、尊敬語であれ、謙譲語であれ、丁寧語を伴って使用されることは多い（「おっしゃる」⬇「**おっしゃいます**」、「申し上げる」⬇「**申し上げます**」）。

ただし、尊敬語・謙譲語Ⅰはそれぞれ文中の主体・対象に敬意を示す表現であり、その文の内容を伝える相手には気を遣わなくてよい場合には丁寧語を伴わない（部下に対し、「さっき山田

さんがおっしゃったこと、きちんとメモしたか」など）。このように、尊敬語・謙譲語Ⅰに関しては、その場にいない第三者が敬意の対象となることもあるが、謙譲語Ⅱというのは話し相手に対する敬意を示すものであるため、話し相手に敬意を示す以上、基本的に「**〜ます**」を伴った丁寧体で発話されることになるのである。

●謙譲語Ⅰ「お〜する」との複合—「お〜いたす」

謙譲語Ⅰを作る一般形「お（ご）〜する」の「する」を謙譲語Ⅱ「いたす」にした「お（ご）〜いたす」という表現もある。例えば「お届けする」→「**お届けいたす**」（実際には、さらに丁寧語を伴って「**お届けいたします**」）など。これは、届けるという行為の相手として立てた（謙譲語Ⅰ「お〜する」）うえで、同じ相手を話し相手としての側面でも立てた（謙譲語Ⅱ「いたす」）表現で、「お〜する」だけの謙譲表現よりも改まり度合いの高い表現である。

名詞を謙譲語Ⅱの形にする場合

名詞の謙譲語Ⅱは、謙譲語Ⅰより幅広い。謙譲語Ⅰと異なり、「相手に向かうもの」という制限はなく、自分自身のことを低めて言う表現はすべて謙譲語Ⅱとなる。「**愚見**」「**小社**」「**拙著**」「**弊社**」「**寸志**」「**卑見**」のように、「愚」「小」「拙」「弊」「寸」「卑」など、その価値を下げるような接頭語を付けて、謙譲語Ⅱとして使うものがある。

これらは主に、書き言葉で用いられるものであり、日常会話ではあまり耳にしないものなので、文書に触れる際に注意し、経験を積んでおきたい。

●謙譲語Ⅱにかかわる接尾語

名詞を謙譲語Ⅱにするため、接尾語を付けることもある。例えば、「ども」「儀」「こと」「め」「ら」などで、「私ども」「私儀」「私こと」と使う。

検定問題・1級

【　】のような場面で、――部分はどのような言い方をすればよいでしょうか。＊に示した条件に合う適切な言い方となるよう、（　　）に入る言葉を記してください。

【訪問先を辞去する際に】

本日はありがとうございました。長いことお邪魔してしまいました。そろそろ、お（　　）いたします。

＊「その場から去る」ということを、改まった言い方で言う

解答　いとま（暇）

解説　訪問先などから辞去する際に用いられる挨拶の言葉としては、「お邪魔いたしました」「おいとまいたします」「失礼いたします」などがある。「いとま（暇）」は、休むことやひまであることを表す語で、「いとまを乞う」「いとまを告げる」などの慣用表現がある。なお、「（お）いとまごい（いたします）」も許容される。

〔4〕丁寧語

「彼は社会人だ」「駅に行く」という通常の表現の文末を、「彼は社会人です」「駅に行きます」のように、「**です**」「**ます**」調にすることで、丁寧語としての表現になる。「です」「ます」の二つが基本的な丁寧語だが、「です」をより丁寧にする形式として「**（で）ございます**」がある。「（で）

ございます」は、「です・ます」よりさらに丁寧になる。

形容詞の丁寧表現

形容詞の丁寧表現としては、現在「です」を用いて「高いです」「立派です」などと表現することが一般的になりつつあり、日常的な場面での使用には問題ないが、これらの形式は比較的新しく、世代によっては規範的ではないとされることもある。

そのため、特に改まった場面では避けたほうが穏当である。改まった場面では「形容詞＋です」の代わりに「ございます」を用いた表現をするとよい。

「高い」⬇「高《たこ》うございます」、「美しい」⬇「美しゅうございます」、「軽い」⬇「軽うございます」、「重い」⬇「重うございます」

〔5〕美化語

美化語は、名詞に「お」「ご」を付けて作られる。

お米　お料理（する）　ご祝儀

美化語の中には、もとの語に「お」「ご」を付けるのではなく、「お」「ご」の付いた別の語に言い換える場合もある。

腹**→おなか**　　水**→お冷**

「お」「ご」を付加すればよいだけなので美化語の形を作ること自体は難しくないが、「お」「ご」

が付いたもののすべてが美化語とは限らないので、その形が美化語なのか、あるいは尊敬語か謙譲語かという認定には注意しなければならない。(「29ページ「『お』『ご』を含む表現に注意」参照)

敬語の具体的な使い方

〔1〕誤用を回避するための注意点

敬語の誤用例には、いくつかの代表的なパターンがある。ここではそれらを概観し、同時に誤用を回避するための考え方のポイントを紹介する。

◎尊敬語と謙譲語の取り違え——いま一度、尊敬語・謙譲語の区別を

敬語の誤用には、尊敬語を自分側に使ってしまったり、謙譲語を相手側に使ってしまったりというものが多く見られる。これらは初歩的なミスであり、上級者にもなればこのような間違いは犯さないと思われるかもしれないが、実際には、つい言ってしまいがちな間違いというものが散見される。

「先生は数々の研究成果を発表しておられますが……」

「次の時間の会合ですが、部長も出席いたしますか」

これらは、相手に対して「おる」「いたす」という謙譲語を使用しているため不適切であり、正しくは「発表していらっしゃる」「出席なさいます」のように尊敬語を用いるべき場面である。このように個別のケースを見て、間違っている部分を直すということは可能ではあるが、ここでは個別のケースに対する訂正を超えて、なぜこのような間違いが起こりやすいかを考えてみたい。

実際の敬語運用というのはある面で身体的であり、その場その場で理屈を考えて表現を組み上げるというよりも、定型句的な表現に慣れ、自然と使えるようになっていく、という上達の仕方をすることのほうが一般的である。敬語がある程度自然に話せるようになると、実際の場面では逐一「これは尊敬語」「これは謙譲語」という振り分けはしないことのほうが多い（そのようなことを考えている時間的余裕も、現実にはない）。

改まった場面での会話に慣れてくると、「～しております」「～いたします」のような表現が自然に使えるようになるが、自然に使えるようになったことと引き換えに、それが尊敬語なのか謙譲語なのかという意識が希薄になってしまう、という面がある。相手に対しても「おります」「いたします」をつい使ってしまう心理というのは、「おります」「いたします」を、「通常より改まった言い方」としてのみ認識している、すなわち、敬語の分類でいうなら丁寧語のように認識してしまっていることに起因する。

自然に敬語が使えるようになればなるほど、このような意識に陥りやすいので、基本的に丁寧語は「です」「ます」のみで、他の述語表現は尊敬か謙譲のどちらかに振り分けられる、ということをいま一度意識し直し、余裕のあるときは立ち止まって敬語の種類を考え直すようにしたい。

◎「お」「ご」を含む表現に注意

①名詞―相手に向かわない自分自身の関連物には使わない

美化語は、「酒」「めし」とそのままでは下品に感じられるからと、「お酒」「ご飯」など、「お」「ご」を付けた形にして上品に表現する言い方で、さまざまな語に使うことができる。

ただし、「お」「ご」の付いた名詞は美化語とは限らず、使われ方によっては尊敬語や謙譲語として認定されることもある。そのため、自分は美化語のつもりで「お」「ご」を付けた表現を使ったとしても、尊敬語として受け取られてしまう使い方をしてはかえって失礼になってしまう。

（相手の）「**お考え**」「**お名前**」のように相手側の行為や所有物であれば尊敬語、（相手への）「**ご連絡**」のように自分側から相手側に向かう場合は謙譲語であるが、問題は自分側の行為で、向かう相手が想定されない場合である。例えば、自分の仕事を「**お仕事**」、自分の休みを「**お休み**」と表現することには違和感を持たれることが多い。「お仕事」や「お休み」は、単に「仕事」「休み」を美化するのでなく、仕事をする人、休む人を高める尊敬語として受け止められており、自分のことに使うと自分を高めるようになってしまい不適切とされる。

改まった言い方にしようとすると、「お」「ご」を付けたくなるが、やみくもに付けるのではなく、自分にかかわるものについては、「お」「ご」付加の可否を考える必要がある。敬語認定においては、尊敬語・謙譲語・美化語などさまざまなパターンがあるが、実際の使用において大切なことは、敬語判別というよりも「付けるべきか否か」の選択といえよう。

まず、相手のもの（相手からの手紙・連絡等、「相手から」のものも含む）については「お」

「ご」を付けて問題ないが、自分のものについては「お」「ご」を付けるのが不適切な場合がある、という点に注意し、自分のものについては

(1) 相手に向かうものであれば適切。

（相手への）**お知らせ、ご連絡、ご報告**

(2) 相手に向かうものでない場合

(A) 食品関連では、慣例的に適切な場合が多い。

お弁当、お茶、お箸

(B) それ以外の場合は不適切、「お」（ご）の付加を避ける。

×（自分の）お休み、お荷物、ご予定

という原則を意識しておくとよいだろう。

例題 【　】のようなとき、どのように言うのがよいでしょうか。最も適切なものを選んで、番号で答えてください。

【劇場で、自分の予約した席に座っている他の客に】

① すみません、こちらは私の予約したお席ではないかと思うのですが……
② すみません、こちらは私のご予約した席ではないかと思うのですが……
③ すみません、こちらは私の予約した席ではないかと思うのですが……

解答 ③

解説 ①は、自分の席に「お」を付けており、不適切。相手の「お席」なら尊敬語として適切

● 美化語と尊敬語

「お料理」「お酒」など、食品に付く「お」は美化語の代表例とされがちであるが、これも文脈によっては尊敬語になる場合もある。

（美化語）（自分自身のこととして）「お料理は得意なほうです。」

（尊敬語）「先生のお宅で奥様のお料理をいただく。」…「先生の奥様」の料理

（美化語）（レシピの説明）「お酒とみりんを加えます。」

（尊敬語）「先生がお祝いにくださったお酒です。」…「先生からの」酒

だが、自分の席（相手に向かうものでも食品でもない）には「お」は付けない。②は、「ご予約した」という「ご～する」という謙譲語Ⅰの形が使われているが、相手のために予約したわけでもないので謙譲語Ⅰは不要。

②述語表現―意図せず謙譲表現を作ってしまう危険性

「お（ご）＋名詞」ではなく、「お（ご）＋述語」の場合にも誤用は多い。この場合の誤用パターンの多くは尊敬語と謙譲語の取り違えである。次の例題を見てみよう。

例題 次の表現の中の不適切な箇所を指摘してください。

①「阿部さんには、新天地でご活躍していただきたい」
②「この後、講師の先生と懇談会を行いますが、ご出席できますか」
③「クーポンをご利用されますと、さらに五パーセント引きになります」

解答と解説 ①は「ご活躍していただきたい」、②は「ご出席できますか」が不適切である。このような表現をした心理としては、「活躍していただきたい」「出席できますか」という部分の「活躍」「出席」という名詞に「ご」を付加して改まった感じにした、といったところであろう。相手の活躍や出席を、名詞として「ご活躍」「ご出席」と表現するのは尊敬語として適切な表現であり、これ自体は問題ない。しかし注意しなければならないのは、自分の意図とは異なり、結果的に不適切な表現をしてしまう場合があるという点である。

①の「ご活躍していただきたい」のうち、「ご活躍して」という部分を取り出してみると、「ご

活躍する」すなわち「ご〜する」という謙譲語の一般形ができてしまっている。すなわち、相手の活躍を謙譲語で表現してしまったことになるために不適切ということになるのである。このように、自分は名詞に「お（ご）」を付けただけのつもりでも、その後の文のつながりから意図せず謙譲語述語の一般形（20ページ参照）を作ってしまっている場合がある。わずかな違いであるが、「ご」を除いた「活躍していただきたい」や「する」を除いた「ご活躍いただきたい」であれば、「ご〜する」という一般形が含まれなくなるため適切となる。

×「ご活躍していただきたい」…相手が「ご活躍する」（謙譲）→不適切（自分が「いただく」の部分は適切）

○「活躍していただきたい」…相手が「活躍する」→適切　自分が「いただく」→適切

○「ご活躍いただきたい」…「ご〜いただく」全体で自分が利益を受ける謙譲表現（21ページ参照）→適切

②に関しても、「ご出席できますか」は「ご出席」（尊敬）＋「できる」と考えれば問題ないように思われるが、「できる」は「する」の可能形と認定されている。そのため、「ご出席する」の可能形が「ご出席できる」という位置づけになり、これもまた「ご〜する」という謙譲語一般形をもとにした表現ということになってしまうため、不適切である。尊敬表現「ご出席になる」をもとにした「ご出席になれますか」などが適切となる。

③は「ご利用されますと」が不適切。「ご利用される」は、尊敬の「れる」を除くと「ご利用する」となるため、謙譲語の「ご〜する」をもとにした表現になってしまっている。尊敬の「ご〜になる」を利用し、「ご利用になりますと」とすれば適切。

以上のように、「お」（ご）を付加した表現は、ときに謙譲語一般形「お〜する」になってしまうことがある。名詞に「お」（ご）を付けたつもりの場合でも、結果的にこのような形にならないかの注意が必要である。単純に「する」という形のままの場合だけでなく、「できる」という形になっている場合についても注意が必要であり、相手についての表現が、結果的に「お（ご）～する」という謙譲語形になっていないか、分析的に考える必要がある。

◎過剰になっていないか注意

敬語は、使えば使うほど敬意が高まるというわけではなく、過剰な敬語は逆に不快な印象を与えることにもなりかねない。敬語の適切な使用のためには、「適度に使う」という視点も必要であり、過剰な表現になっていないか注意しなければならない。

二重敬語

過剰な敬語の典型的なものとして、「二重敬語」がよく取り上げられる。

これは一つの語について、同じ種類の敬語を二重に使ったものである。例えば、「読む」を「お読みになる」と尊敬語にしたうえで、さらに「れる」という尊敬の助動詞を加えて「お読みになられる」という形にしたものである。原則としては、一つの語に対して、同じ種類の敬語化を複数重ねることは無駄であり、過剰とされる。

○　待つ＋「お～になる」→お待ちになる

○　待つ＋「れる」→待たれる

×　待つ＋「お～になる」＋「れる」→お待ちになられる（二重敬語）

「⑴一つの語に対し、⑵同じ種類の敬語化を複数重ねる」という二重敬語を避ける、というのが敬語の適切な使用の原則であるが、その際、以下のものは許容されるので区別したい。

⑴「一つの語に対して」ではないため適切な表現

例えば「お読みになられる」は二重敬語であり不適切であるが、「お読みになっていらっしゃる」は二重敬語ではなく、適切と判断される。二重敬語とは、一つの語を敬語にしたうえで、再度敬語にすることであった。これに対し、「お読みになっていらっしゃる」のもとの形は「読んでいる」であり、このうちの「読む」を「お読みになる」に、「いる」を「いらっしゃる」に同時に敬語化したものであって、一度敬語にしたものをさらに敬語化するわけではない。多少冗長な感じがするという声もあるが、*二重敬語とは異なり、適切である。

× 読む →① お読みになる →② お読みになられる（二重敬語）

○ 読んでいる →① お読みになって いらっしゃる

⑵「同じ種類の敬語」でないため適切な表現

「いらっしゃいます」という表現は、「行く」を尊敬語化した「いらっしゃる」を、さらに「ます」体にして丁寧語化しているため、敬語化の回数としては二回と数えられる。しかし、この場合は尊敬語と丁寧語という別の種類の敬語を複合*させているのであり、「同じ種類の敬語を複数」というわけではないので適切である。

また、謙譲語Ⅰと謙譲語Ⅱは機能が異なるため、「同じ種類の敬語」とみなさなくてよい。つ

＊二重敬語とは異なり、適切
このようなものを「二重敬語」と区別して「敬語連結」と呼ぶ。

＊謙譲語と丁寧語の複合
特に謙譲語Ⅱは聞き手に対しての敬語であるため、丁寧体となじみやすく、むしろ「伺います」「参ります」など、丁寧語と併せて使用されるほうが自然である。

まり、謙譲語Ⅰと謙譲語Ⅱの複合は問題ないことになる。例えば次の例ではもとの動詞を三度敬語化しているが、それぞれ種類が異なるので適切である。

案内する→（謙譲語Ⅰ）→ご案内する→（「する」を謙譲語Ⅱに）→ご案内いたす→（丁寧語「ます」体に）→**ご案内いたします**

(3) 例外的に許容される二重敬語

(1)一つの語に対し、(2)同じ種類の敬語化を複数回行う、というのが二重敬語であったが、実は二重敬語のすべてが不適切というわけではなく、次に挙げるようなものは「習慣として定着している」として例外的に許容されている。

尊敬語…**お召し上がりになる、お見えになる**

謙譲語Ⅰ…**お伺いする、お伺いいたす、お伺い申し上げる**

実際には許容される二重敬語も多い。逆に、「どのような二重敬語が不適切とされるのか」という視点から現代の傾向をまとめると、二重敬語として問題にされるものの実態は、

《尊敬語化したものに「**れる**」「**られる**」を付加して再度尊敬語化したもの》

が、基本的に許容されない、と考えればよい。「おっしゃる」→「おっしゃられる」、「お待ちになる」→「お待ちになられる」など、「れる」「られる」がかかわる二重敬語が、不適切な例としてよく取り上げられる。許容される表現、許容されない表現を法則に照らして考えると複雑になるが、実際上の最大の注意点としては、

《「れる」「られる」を付加する前から尊敬語になっているものについては「れる」「られる」は付加しない》

という点だけ注意すれば、二重敬語の大部分の誤りは防げよう。

過剰な「お」「ご」

「お」「ご」は、多用しすぎるとくどいという印象を持たれることがある。例えば、「お足もとにお気をつけてお帰りください」よりも「足もとに気をつけてお帰りください」という表現のほうがすっきりしていて好ましい、という声もある。どの程度「お」「ご」を使ったら不適切になる、というような明確な尺度はないが、場面や相手の受け止め方を考えて、過剰に付けることのないように注意したい。「足もとに気をつけてお帰りください」のように、最後の述語部分がきちんと敬語化されていれば、それ以前の部分の「お」「ご」は省いても問題ない場合が多い。

◎丁寧語「ございます」の用法—相手のことには使いにくい

丁寧語には「です」「ます」以上に改まった表現として「**ございます**」がある。丁寧語は、自分側でも相手側でも制限なく使える敬語であるが、「ございます」に関しては相手が主語のときは使いにくい面があるといわれる。現時点での敬語の分類上は丁寧語であるが、丁重な述べ方で、相手のことについては使えない、という点では謙譲語Ⅱに近いと位置づけられる。

一方で、謙譲語Ⅱは自分のすることに関する表現であるが、「ございます」は「今日は木曜でございます」のように、自分のこと以外も（相手のことでなければ）使えるという点では謙譲語Ⅱとは異なり、丁寧語、ということになる。このように現代において「ございます」の敬語的位置づけは難しい面があるが、実用面では相手のことには使わない、ということを押さえておこう。

例題 次の文の「ございます」の使い方が適切なものは○、不適切なものは×で答えてください。

①「失礼ですが、（あなたが）吉田さんでございますか」
②「私が小島でございます」
③「お手洗いは二階と三階にございます」
④「外は寒うございますので、こちらでコートをお召しください」
⑤「どちらにお住まいでございますか」

解答 ①…× ②…○ ③…○ ④…○ ⑤…×

解説 ①②主語が一人称の場合は「私が小島でございます」のように「ございます」が使用できるが、二・三人称の場合は「ございます」は使いにくく、「あなたが吉田さんでいらっしゃいますか」「このかたが吉田さんでいらっしゃいます」のように「いらっしゃる」を使うことが多い。そもそも「～する」の敬語においては「する」の尊敬語が「なさる」、謙譲語が「いたす」と対応するのに対し、「～だ／である」のほうは尊敬語は「いらっしゃる」であるが、謙譲語に当たるものがないので、丁寧語「～でございます」が代行しているといわれる。このように丁寧語「～でございます」は、機能面で謙譲語の代用という側面があるため、尊敬すべき相手に関しては使いにくいようである。③④は、「お手洗い」や外の温度が主語であるため、通常の丁寧語同様、適切。⑤は相手の住まいを尋ねているので、「ございます」は使えず、尊敬語「いらっしゃる」にしなくてはならない。

◎「自分側」か「相手側」かの意識

ウチとソト

実社会での敬語の使い分けにおいては、「自分側」「相手側」というウチとソトの切り替えが重要である。ウチ・ソトの範囲は絶対的なものではなく、場面によって変わりうるため、判断を誤らないようにしたい。例えば、自分の勤務先の社内であれば、「ウチ」の人間は家族などであり、上司は「ウチ」には含まれないが、取引先に対しては上司も「ウチ」に含まれることになり、敬語の使い方を変えなければならない。日常においてたとえ「上位の人」であっても、「ウチ」の立場にあると認定される場面においては、「ソト」に対しては尊敬語を用いない（謙譲語を使う）のが基本的な原則であり、同時に人の呼び方も切り替わる。

以下、具体的な例を見てみよう。

①社外から電話があって「どなたをお呼びしましょうか」と答えるのは不適切。「どなた」は「誰」の敬称であり、社内（身内）の人を敬うことになるので、ここは敬称にせず「誰」のままで言うほうが適切である。改まった感じにするために表現を変えようとしがちだが、場合によっては表現を変えると自分側を高めてしまうことがあるので注意。ときには普通の形のままのほうが敬語として適切な場合がある、ということを知っておこう。

②「うちの会社が目指しているのは、お客様から信頼される会社になることです」という表現は不適切。

「うちの会社」は口頭では「**わたくしども**」がよい。文章では「**弊社**」「**当社**」などと表現する。このように、場面によって適切な呼び方が決まっており、特に文章語特有の呼び方は多い。それぞれに適切な呼び方を意識しておきたい。

例題【　】のようなとき、どのように言えばよいでしょうか。（　）に入る最も適切なものの番号を選んでください。

一【取引先から、不在の上司（加藤部長）に電話が掛かってきたのを受けて】
「ただ今（　）は会議中でして……」
①加藤部長　②加藤

二【加藤部長の家族から、不在の上司（加藤部長）に電話が掛かってきたのを受けて】
「ただ今（　）は会議中でして……」
①加藤部長　②加藤

三【大学の「流行語・新語」のゼミの、打ち上げの会で、司会をすることになって】
「まず先生から（　）ます」
①ご挨拶を申し上げ　②ご挨拶をいただき

四【出席者の大部分が社外の人である、新製品発表会で、司会をすることになって】
「まず、弊社の社長の鈴木が（　）ます」
①ご挨拶を申し上げ　②ご挨拶をいただき

解答　一…②　二…①　三…②　四…①

解説　一　電話の相手が別の会社の人である場合は、「加藤」と呼び捨てにするのがよいという規範が、社会人の敬語の心得としてほぼ例外なく指摘される。加藤部長を身内扱いにして電話の相手にへりくだった表現をするのである。「部長」という職階を口にする必要がある場合は「加藤部長」「部長」ではないほうがよいとされる。「部長」という職階の名称は、姓の後ろに付けたり単独で用いたりすると話し手からの敬意を表す働きをするが、「部長の加藤」あるいは「弊社の部長」のように言えば単に職階を示すことになって敬意が薄まると認識されるからである。

二　会社内で受ける電話では、社内の人間は常に呼び捨てにすべきというわけではなく、ウチとソトの認定は場面によって変わりうる。電話が加藤部長の家族からであったり、加藤部長と同期の田中部長であるというような場合は、「加藤部長」など、敬称ととらえられる呼び方が適切である。場合によっては「加藤様」「ご主人様」なども考えられる。

三　「ご挨拶を申し上げる」であれば挨拶される側を、「ご挨拶をいただく」なら挨拶する側を立てることになる。この場面では、挨拶をする先生が、司会者を含め、聞き手である出席者たち（ゼミの学生）にとって立てるべき人物であるため、「（我々が、敬うべき先生から）ご挨拶をいただく」という表現が適切。

四　出席者の大部分が社外の人であるような場合においては、司会者と社長がウチ、社外からの出席者がソトという認定になる。「（ウチの社長から、立てるべきソトの皆様に）ご挨拶申し上げる」が適切となる。

するのは自分か、相手かを考える

ウチ・ソトの切り替え以外にも、尊敬語・謙譲語選択においては常に「自分がするのか、相手がするのか」を考える必要がある。

例題 【　　】のようなとき、①②のどちらがより適切な言い方でしょうか。番号で答えてください。

一【コンビニエンスストアの店員が客に】
① 雑誌とアイスは袋を別にいたしましょうか。
② 雑誌とアイスは袋を別になさいましょうか。

二【レストランの店員が客に】
① セットドリンクはコーヒーと紅茶、どちらにいたしますか。
② セットドリンクはコーヒーと紅茶、どちらになさいますか。

解答 一…①　二…②

解説 「いたす」は自分がすることを下げる謙譲語Ⅱ、「なさる」は相手がすることを立てる尊敬語である。一では袋に入れるのは店員なので「いたす」、二ではコーヒーか紅茶かを決定するのは客なので「なさる」が適切。

例題 次の①②は店頭の看板です。敬語が不適切なのはどちらか選んでください。
① ただ今の時間、すぐにご案内できます。
② すべての商品がお持ち帰りできます。

解答 ②

解説 「できる」は「する」の可能形なので、「お（ご）～できる」というのは謙譲語Ⅰ「お（ご）～する」の可能表現である。①では、案内するのは店員側なので、謙譲語Ⅰ「ご案内する」をもとにした「ご案内できます」は適切。②では、持ち帰るのは客であるため、謙譲語使用は不適切。尊敬語「お持ち帰りになる」をもとにした「お持ち帰りになれます」などが適切。

◎敬語以外のバランスも考える

尊敬語、謙譲語Ⅰ・Ⅱ、丁寧語、美化語、といったものがここまで見てきた敬語だが、これらに入らなくても改まった文体になじみやすい語（「改まり語」*）があるので、それらに言い換えることができるようにしておくことが必要である。

述語だけでなく、全体の文の改まり度合いのバランスを取ることは重要で、例えば「そっちにおかけになってお待ちください」という言い方は、述語部分の尊敬語には問題がなくても、「そっち」という言い方がくだけすぎていて違和感を持たれる。全体の改まり度合いから、「そちら」と言い換えたいところである。このように、通常の敬語以外にも、「改まり語」を数多く身につけなければ、文全体のバランスのよい敬語表現はできない。

例えば、「あっち・こっち・そっち・どっち」は「**あちら・こちら・そちら・どちら**」、「きょう・きのう・あした・あさって・今年・去年」は「**本日・本年・昨年**」などに言い換える。特に文章語では改まった漢字語がさまざまにあるので気をつけたい。

---

*改まり語の例

・～いいですか→～よろしいでしょうか
・考え・つもり→所存
・さっき・あと→先ほど・後ほど
・残念です→遺憾に存じます
・ちょっと・少し→少々
・どうですか→いかがですか
・もう→すでに
・やっぱり→やはり
・わりと→比較的
・もうかる→収益性が高い

〔2〕文表現自体の作り方、「言い方・伝え方」の発想法

ここまでは主に「ある語を敬語に言い換える」という範囲での議論であったが、上級として、実際の敬語使用の場面を考えると、もとの文を部分的に敬語に変えれば十全な敬語表現になるとは限らない場合が多々ある。

例としては、接客の場面で、店員が通りたい道に客が立っているため、どいてほしい場合を考えてみよう。

「どいてください」という言い方は「くださる」という尊敬語を用いており、理論上は適切な尊敬表現といえる。しかし実際その場に立ったら、客に「どいてください」とはまず言えない。より敬意を高めた表現を考え、「恐れ入りますが、どいていただけますでしょうか」などを思いついたとしても、やはり実際は言いにくい。言い方がどうあれ、客にどくように要求する、ということ自体が伝えにくいのである。

この場合、「後ろ失礼します」と、自分が通ることだけを告げて、客の判断でどいてもらう、というような方策がとられるが、このようなコミュニケーションから分かることは、「もとの文から出発して敬語の文が作れるとは限らない。ときには文の作り方・伝え方自体を変えなければならない」「文法的に正しいということがゴールではない。その場によりふさわしい表現の仕方を模索していかなければならない」ということである。

敬語の本質は相互尊重、すなわち気遣いであり、その気遣いの言語的な現れとして目立つ体系

が「尊敬語」「謙譲語」などであったにすぎない。実際の会話において難しいのは、敬語の形や作り方さえ覚えればよいというわけではなく、文全体の言い方そのものから考えなければならないという点である。ここではその主な発想法を紹介するが、もちろんここに書いてあることがすべてではない。しかし、本質は相互尊重、すなわち「自分が話すときに相手をどれだけ気遣うか」という問題なので、未知の文法規則というよりは、気遣い・配慮の問題として対応すべきことだととらえてほしい。

以下、いくつかの発想法を紹介するが、一つ大きくいえるのは、「なんらかの形で、相手に対し直接的な表現を避ける」という理念である。

①いきなり本題を言わず、前置きの言葉を置く

こちら側の用件で相手に話しかける場合、いきなり本題に入るのではなく、前置きの言葉（「クッション言葉」）から入ることで、相手への配慮が伝わる。前置きなしに「これお願いします」と言うだけでは、相手の都合を考えずに自分の要求だけを身勝手に押しつけているように受け取られてしまう。このような場合、「すみませんが」など、前置きで相手への配慮を示すことで、会話がスムーズになる。


「（すみませんが、）お願いできますでしょうか。／貸していただけませんでしょうか」

「（失礼ですが）お約束はございますか。／お名前はなんとお読みするのでしょうか」

「（恐れ入りますが、）少々お待ちください。／少々詰めていただけませんでしょうか」

「（まことに恐縮ですが、）もう一度おっしゃっていただけませんでしょうか」

「（申し訳ありません（ございません）」が、本日はお引き取り願えませんでしょうか」

「〔ご迷惑かと存じますが、〕お持ち帰り願えませんでしょうか」

「〔お願いしたいことがあるのですが、よろしいでしょうか。〕明日の行事の準備、私どもだけではどうしても手不足なので、助けていただけませんでしょうか」

以上は相手が、自分の利益になることをすることを求める場合の伝え方だが、逆に自分側から相手のために何かをする場合、自分側をへりくだり、控えめに言って相手に対する敬意を表す言い方がある。

「〔つまらないものですが、〕どうぞお納めください」

「〔気の利かないものですが、〕ご笑納ください」

「〔何もございませんが、〕召し上がってください」

「〔お口に合いますかどうか、〕遠慮なさらず、上がってください」

「〔心ばかりのものですが、〕お納めください」

「〔微力ながら、〕お手伝いいたします」

また、「～してあげる」「～して差し上げる」等の表現は、理論上は謙譲語を用いており誤りではないが、恩着せがましい印象を与えるので避けられる傾向にある。

②直接的な依頼・要求を避ける

相手に何かを依頼・要求する場合、直接的な要求を避けて、疑問形など、相手の意向を尋ねる形で自分の要求内容を伝えると、より丁寧な感じの言い方になる。

例えば、「お越しください」ではなく「お越しくださいますでしょうか」、「お伝えください」ではなく「お伝え願えますでしょうか」など。

さらにこのような場合、「（相手が）～してくださいますでしょうか」と相手の行動として、相手の意志を直接尋ねるよりも「（私が、相手に）～していただけますでしょうか」というように自分側の受益が実現するかを尋ねる（＝相手の意志を直接問わない）ほうがより丁寧さが上がる。例えば、「お越しくださいますでしょうか」よりも「お越しいただけますでしょうか」のほうが丁寧さが高い。そのため、実際にこのような依頼をする場合、「～くださいますか」より「～いただけますか」という表現のほうが多く見られる。また、疑問形によらず、「お越しいただけますと幸いです」のように、「そうしてもらえるとありがたい」という状況を伝える形で自分の要求を表現する方法もある。

③相手の意に沿わない可能性のある話には、事情説明をきちんとする

要求・謝罪・断りなど、相手の意向に沿わない可能性のある話をする場合には、特にさまざまな気遣いが必要である。このような場合、相手の意向と食い違ってもこちらの言うべきことを言わねばならないので、一方的な押し付けにならないように注意し、相手への誠意を示すよう努めねばならない。そのための一つが①の前置きであるが、このほかにも事情説明をきちんとすることも、相手に納得してもらううえで重要な役割を果たす。

例えば、受付で「西山さんをお願いします」と言われたが会議中で本人が出られない場合、「申し訳ありませんが、西山はただ今出られません」と伝えると、一方的な印象を与えてしまう。「申し訳ありませんが、西山はただ今会議中で、出られません」と事情を説明したほうが誠意が伝わり、意に沿えないことにも納得がいきやすい。相手の意に沿わないことを告げる場合には、前置きに加え、「相手の意向に合わせたい気持ちはあるが、このような状況なので残念ながら意

向に沿えない」ということをきちんと伝える誠意も必要といえる。

検定問題・1級

【　】のようなとき、どのように言うのがよいでしょうか。最も適切なものを選んで、番号で答えてください。

【約束の時間を十分過ぎても待たせている取引先の人に、担当者に代わって事情を説明して】

① 大変申し訳ございません。山田はただいま取り込み中ですので、もうしばらくお時間を頂戴いたしたく存じます。

② 山田は前の打ち合わせが長引いております。大変申し訳ないのですが、もう少々お待ちいただけませんでしょうか。

③ 大変申し訳なく存じます。もう少々お待ちいただければ幸いでございます。

④ ただいま、担当の山田は前のお客様との打ち合わせが長引いております。もうしばらくお待ちくださいませ。

解答 ②

解説 ②が、状況の説明、お詫び、待ってもらうことの依頼の三つの内容を述べており、適切。①は、「取り込み中」という具体性を欠く語が、状況説明になっておらず、かえって相手に不信感を持たれかねないので不適切。③は、お詫びと待ってもらうことの依頼はしているが、状況説明がなく不適切。④は、状況説明、依頼はあるが、待たされている客に対するお詫びが表明されていないので不適切。

④相手の知識・能力や意志・感情を直接話題にしない

相手の知識や能力を直接話題にしたり、「〜したいですか」「うれしいですか」など、意思や感情を直接問うたりすることは失礼に当たるので避けたい。避けるといっても「直接要求は疑問形に」というような定番の代替表現があるわけではなく、その場での判断と気遣いが重要になってくるが、例えば、相手の知識や能力に関しては自分側の問題や周りの状況として表現することで問うことを避ける、意志・感情に関しては感情そのものに直接踏み込むのではなく、客観的に観察できる行動にとどめて表現する、などの対処がありうる。次の例題を見てみよう。

例題 次の①②の表現のうち、より適切なのはどちらでしょうか。それぞれ選んで、番号で答えてください。

一【声が聞き取りづらい顧客からの電話に応対して】

① 申し訳ございません。電話が遠いようでお声が聞き取りにくいのですが、もう一度おっしゃっていただけませんか。

② 申し訳ございません。お声が小さくてお聞き取りできかねるのですが、もう一度おっしゃっていただけませんか。

二【先輩が見たがっていた画集を持ってきて】

① こちら、ご覧になりますか。

② こちら、ご覧になりたいですか。

三【コンビニエンスストアで、機械の操作方法が分からなそうな客に】

① 操作方法、お分かりになりますか。

② 操作方法、ご説明しましょうか。

解答 一…①　二…①　三…②

解説 一　まず自分が聞き取れないことを詫びたうえで、事情説明と依頼を行う必要があるが、②の事情説明では相手の声に問題があると受け取られかねないので、電話機の問題として事情説明する①のほうが適切。

二　目上の人に直接欲求を聞くのは失礼。内側の感情には触れず、①のように外から見て分かる「見る」（ご覧になる）という点で聞くほうがよい。

三　①のように相手の理解そのものを問うのは失礼なので、②のように自分の行動を提案するほうがよい。

⑤自分のことに関しては、押し付けや「上から目線」にならないように気をつける

自分側のことに関する表現が、文法的に適切な敬語をもってなされているとしても、押し付けがましいとか、見下しているとかといった印象を持たれてしまったら誠意は伝わらない。次の問題で考えてみよう。

検定問題・1級

【　】のようなとき、どのように言うのが最も適切でしょうか。番号で答えてください。

【満員電車で座っている自分の前に立った、赤ん坊を抱いた女性に】

① よろしかったらお座りください。私は次の駅で降りますから。

② お掛けになりませんか。私はすぐに降りるのでかまいませんよ。

③　お掛けください。私は大丈夫ですから。どうぞご遠慮なく。

解答　①

解説　①～③すべてに明確な誤用はないが、明確な誤りを見つけて選択肢を排除していき正解にたどりつく、という場合だけでなく、適切とはいえるレベルの表現の中で相対的に最もよいものを選ぶという出題もありうるのが上級の出題である。まず相手への持ちかけが押し付けがましくならないよう、選択の余地を与えるほうがよい。①では「よろしかったら」という条件付き、②は疑問形となっており、選択の余地があるが、③は「お掛けください」と指示してしまっているので押し付けがましさが増す。①と②を比べると、ともに自分はすぐ降りるから、と事情説明をし、相手が座りやすい状況を作っているが、②のように「かまいませんよ」という言い方をすると、人によっては相手を見下しているようだととらえられかねない。よって①が最も適切である。

⑥言葉のみならず、話す態度全般に気を配る

敬語を話す場面では、言葉だけで伝達がなされるわけではない。声にも感情はこもるし、視線・姿勢など、話している人の態度そのものが、誠意を測る指標となる。言葉だけで誠意の伴わない敬語は、いかに適切な言い方であろうと相手には響かず、望む効果も得られない。円滑なコミュニケーションのためには、言葉選びだけに腐心することなく、態度全般に気を配りたい。それは決して難しいことではなく、相手を思い、誠意をもって向き合えば、その思いは自然と伝わるものである。本質的に大切なのは相手への気遣いであり、相手への気遣いの現れの一つが敬語

であるにすぎないことを忘れないでほしい。

終わりに――社会の声に敏感に・相互尊重の精神を忘れずに

敬語は時代とともに変化するものであり、かつては適切とされていた表現が不適切とされるようになったり、それまで誰もが気にせず使っていた言い回しが、いつの間にか不快だと指摘されるようになったりする。例えば、尊敬語に尊敬語を重ねる「二重敬語」は、現代においては過剰で不適切とされるが、かつて古典語においては通常以上に敬意を高める適切な表現であった。

敬語の適・不適の判定、および誤用として注目される言い回しは時代による入れ替わりが特に激しいので、ある時期に身につけた敬語知識が絶対と思わず、常に話題になっている表現には敏感になっておくほうがよい。

近年では、実際の変化を伴わない「～になる」や、相手の許可が必要ないことについての「させていただく」*などが、つい言ってしまいがちな誤りとして取り上げられる。「こちら本日のメニューになります」という言い方は、これからメニューになるわけではないのでおかしい、「メニューでございます」等にすべきだとか、面接で「高校時代、キャプテンを務めさせていただきました」というのは、相手の許可によってすることではないのでおかしい、「務めました」にすべきだとか、である。

これらの表現は、実際理屈で考えればこのようにおかしく、不適切とされるため使用しないようにすべきであるが、本来、「理屈で考えたらおかしい」ということはその敬語が不適切であると結論づける絶対的な理由にはならないということを指摘しておきたい。

---

*させていただく
　実際に相手の許可が必要な場合にはもちろん適切である。

● 「持参」「申し出」「申し込み」などについて
　また近年では「ご持参ください」「お申し出ください」「お申し込みください」などの言い方が適切なのかどうかが話題になることがある。「参る」や「申す」は謙譲語Ⅱに当たり、本来自分に使う敬語であるため、
　「参る」「申す」といった語を含む「持参」「申し出る」「申し込む」を相手に対して使ってよいのかという問題である。

同様に問題にされるものとして「～の方」という言い方がある。「鉄板の方、熱くなっておりますので……」という表現に対し、「鉄板の方」とはどこか、鉄板そのものではないか、余計な表現が入って不快である、「鉄板、熱くなっておりますので」でよい、という声はよく耳にする。そうである以上、これもこのような言い方はしないように気をつけたい。

しかし一方で、「ご理解ご協力のほど、よろしくお願い申し上げます」の「～のほど」とは何か、説明できるだろうか。余計なものが入っていて不快だから「のほど」を除いて、「～ご協力よろしく～」にするのが正しい、という意見を聞くだろうか。「～の方」は間違った表現であり、「～のほど」は正しい表現、というのが現在の敬語である。この差はどう考えたらよいのだろうか。

敬語とは、いつもどおりの直接的な言い方をせず、別の表現に変えることで特別に敬意を表現するものである。例えば相手が「来る」ことを直接指さずに「見える」と言い換え、「寝る」と直接言わず「お休みになる」と言う、それが敬語表現の発想である。

つまり敬語とは、それが敬語である以上、多かれ少なかれ「理屈で考えたらおかしい」表現であることが多い。不適切であるとされる根本的理由は「理論上おかしい」からではなく、聞いた側が「不快」だからである。人間を離れた理屈が先にあるのではなく、快・不快の感覚が実際は先に立っているのである。だからこそ、理論上不適切とされる二重敬語の中でも、多くの人が不快に思わず受け入れている表現があり、それが結果的に「慣例的に許容される例外」と位置づけられるのである。

敬語とは本来、日本の文化における、相互尊重の精神が言語化されたものである。相手を思いやり、気持ちよくコミュニケーションができるためのシステムである。よって、本来最も大切な

「敬語の指針」では、「持参」「申し出る」「申し込む」などの語を分解したうえで「参る」「申す」を根拠に敬語認定をする必要はなく、これらの語は全体として謙譲語Ⅱとしての働きは持っていないので、「相手側」の行為に用いても問題はないとしている。

つまり、なかば文字レベルまで気にして「参」という字が入っているから、というようなことは気にしなくてよいということである。

このように規範的には「不適切ではない」というのが解答ではあるが、気にする相手もいるのが現状であるため、気になる場合はこの表現を避けるとい

ことは「相手が不快に思うような言い方はしない」ということであって、それが「敬語の誤用」の本質である。

話し手・聞き手それぞれに思いはある。「本日のメニューになります」と言おうとした裏には、直接「～です」と断定するより「～なる」を用いたほうがやわらかくなるだろうという思いが、「させていただく」と言おうとした裏には、自分がやった、ということを前面に出すよりも他者のおかげで務められた、と表現したほうがいいだろうという思いが、そして「～の方」と入れてしまった裏には、直接言い続けるよりも、やわらかくワンクッション置きたいという思いが、それぞれあったはずである。

問題は、その思いが、聞き手・社会一般に受け入れられなかったということにある。話し手がどんなに考えても、そしてそれが仮に理論上正しくても、聞き手にとって不快な言い方であれば、それはコミュニケーションとしては失敗であり誤用である。話し手としての自分の思いと聞き手の思い、あるいは一般の感覚にはずれがあるかもしれない。だからこそ、相手と気持ちよく会話するために、常に世間で問題とされる敬語については情報収集をしておきたい。

本章で説明して来た論理は、言語としての絶対的真理ではなく、「相手と気持ちよく会話するための考え方」だととらえてほしい。敬語の基本は相互尊重の精神である。敬語上級者だからといって、人の話し方の粗探しをするようでは、それは敬語の存在意義を否定することになる。「誰も気にしていないが、本当は間違っている敬語」などというものは本質的に存在するはずがない、というのは敬語の存在意義に立ち返って考えれば明らかである。人を離れた論理のレベルで正解が存在するのではない。相手の身になって快・不快の感覚を想像することによってこそ、適切で気持ちのよい表現が生まれるのであり、敬語の理論体系は、究極的には「気遣いの体系」

う選択肢もある。「お持ちください」「おっしゃってください」などと言い換えればよい。「お申し込みください」は、状況によっては「ご応募ください」などにかえることができる。

である。

敬語上級者が、相互尊重という精神を忘れず、きちんとした気遣いをもって敬語を使っていくなら、敬語は「口うるさい面倒なもの」ではなくなるはずである。

●文法

「文法」とは

文法とは、言葉の使い方の決まりのことである。会話や文章などで、正確に自分の意思を伝えるためには、この基本的なルールの理解と運用が必要となる。本書では常識的な言葉の使用のための、これらの基本的なルールについて述べる。なお、「日本語検定」では、文法用語を直接問う形式の設問は基本的にはない。

〔1〕語の文法

品詞について

正確な言葉の運用のためには、まずその品詞の性質についての理解が必要である。

単語は、自立語*か付属語か、活用するかしないか、文中でどんな働きをするかなどによって、十の品詞に分類される。

十の品詞とは、名詞・動詞・形容詞・形容動詞・副詞・連体詞・接続詞・感動詞・助動詞・助詞である。それぞれに使い方のルールがある。

以下、各品詞について説明する。

※接頭語・接尾語は、独立の単語にはならない、語構成要素なので、品詞の説明の中では触れない。

＊自立語と付属語

単独で文節を作れる単語を「自立語」という、単独では文節を作れず、常に自立語の後に付いて用いられる単語を「付属語」という。

なお、「文節」とは、意味を壊さない程度に文を短く区切った単位で、「ネ・サ」などが自然に入るところが文節の切れ目である。

・白いネ／花がネ／たくさんネ／咲いた。

◎名詞（自立語で活用がなく、主語*になれる）

名詞は、内容によって、固有名詞・普通名詞・代名詞・数詞に分けられる。体言ともいう。

●固有名詞…人名・地名・書名など、個々に与えられた名称。

例 京都市・北海道・フランス・清少納言・平家物語

●普通名詞…事物の一般的な名。

例 月・空・人・机・自転車・交通・美術・思想・愛

●代名詞…事物を指し示すのに用いる語（「人称代名詞*」と「指示代名詞」とに分けられる）。

例 ここ・それ・そちら・私・あなた・どなた

●数詞…数量や順序を表すのに用いる語。

例 一本・二人・五番目・三キロ・一万年

このほか、形式名詞*を立てることもある。形式名詞とは、「悲しいこと」「そんなもの」などのように、その名詞を説明する語句を必要とするもののことである。

名詞の中でも、文章を理解するうえで特に重要なのは、代名詞である。物事と場所を示す代名詞（指示代名詞）を次に挙げる。これらを、「こそあど」と呼ぶこともある。

＊主語
「何が―どうする」「何が―どんなだ」などの言い方で、「何が」に当たる部分。

＊人称代名詞
代名詞のうち、人を指すもの。日本語では、種類の多いことが特色となっている。
・わたし　ぼく　おれ
・君　あなた　お前
・彼　あいつ　誰　どいつ
……など。

＊形式名詞
抽象的な意味を持ち、内容を説明する語句を必要とする名詞のこと。「こと」「もの」「ため」「はず」など。
・将来の役に立つこと
・目に見えるもの
・子どもの成長のため

コ系	ソ系	ア系	ド系
これ	それ	あれ	どれ
ここ	そこ	あそこ	どこ

文章の場合、指示する内容は、それぞれ次に示したとおりである。混乱のないようにしたい。

コ系（近称）……今述べた事柄やこれから述べようとする事柄。

ソ系（中称）……今述べた事柄で、文脈上読み手が理解できると思われるもの。

ア系（遠称）……読み手が知っていると思われるものを思い出させる。

ド系（不定称）…不定のもの。

※指示する働きは同じ「こそあど」でも、次の語は右の代名詞とは品詞が違うので注意しよう。

この　その　あの　どの……〔連体詞〕

こんな（だ）　そんな（だ）　あんな（だ）　どんな（だ）……〔形容動詞〕

こう　そう　ああ　どう……〔副　詞〕

検定問題・2級

ア～コの文の表現内容を考えて、（　　）の中に「こと」と「もの」のどちらか適切なほうを入れてください。答えは次の指示に従って、AかBで記してください。

「こと」―A

「もの」―B

ア　あなたとした（　）が、つまらないミスを犯しましたね。
イ　君がそんなにいやなら、さっさと断る（　）だ。
ウ　おまえももう社会人なのだから、知っている人に会ったら、挨拶くらいする（　）だとわきまえなさい。
エ　営業という仕事は、結果さえ出せばそれでいいという（　）ではないよ。
オ　あの幼児の言語能力には、計り知れない（　）がある。
カ　（　）ここに至っては、もう隠し通すことはできない。
キ　（　）は相談だが、一度あの社長に会ってもらえないだろうか。
ク　彼とは、若い頃よくいっしょに酒を飲んだ（　）だ。
ケ　友人を救うために私財を抛つという（　）は、本人が言うほど簡単ではないよ。
コ　病気という（　）は、かかった人でないとそのつらさが分からない。

解答　ア…A　イ…A　ウ…B　エ…B　オ…B　カ…A　キ…B　ク…B　ケ…A　コ…B

解説　ア　「～としたことが」の形で、人を表す言葉について、その言動などが予想に反して似つかわしくない意を表す、慣用的な表現。
イ　具体的な言語行動を通してとらえられる「こと」である。「～ことだ」には、慣用的に、このような命令や勧告を含意した用法がある。
ウ　「～ものだ」の用法の一つに、社会慣習としてそうすべきだとされる事柄であるということを表すものがある。
エ　「～というものだ」の形で、それが当然だという気持ちを表す慣用的な表現があるが、それを「～というものではない」と否定している。

オ　「能力」自体は抽象的であるが、経験を通してその存在が確かめられるときは「もの」の扱いを受ける。

カ　流動的に変化する事態としての「こと」である。「事ここに至って（は）」の形で、ある状態に至ってどうにも変更のしようがない事態になる意を表す。

キ　「物は相談」の形で、相談を持ちかけようとするときなどに、相手に呼びかける意を表す。

ク　「～したものだ」の形で、過去の反復的な経験を表す慣用的な表現。

ケ　惜しげなく私財を提供するという行為そのものを表しているので、「こと」の扱いを受ける。

コ　「病気」は、実質的な存在として「もの」に属する。「～というもの（は）」の形で、「と」の受ける事柄を強調している。

◎動詞　（自立語で活用があり、言い切りがウ段で終わる）

動作や作用を表し、それだけで述語*になれる。用言*の一つ。動詞の活用*には、五段活用・上一段活用・下一段活用・カ行変格活用・サ行変格活用の五種類がある。動詞の活用の種類を区別できることは、後に述べる「可能表現」「使役表現」を正しく作る際に必要となる。

●**五段活用**…「話さ（ない）／話そ（う）」、「話し（ます）」、「話す。」、「話す（こと）」、「話せ（ば）」、「話せ。」のように、五十音図のア段からオ段の五つの段にわたって活用する動詞。

例　**騒ぐ・買う・立つ・運ぶ・読む・知る**…など

●**上一段活用**…「起き（ない）」、「起き（ます）」、「起きる。」、「起きる（こと）」、「起きれ（ば）」、

***述語**
「何が―どうする」「何が―どんなだ」などの言い方で、「どうする」「どんなだ」に当たる部分。

***用言**
自立語で、活用があ

「起きろ。／起きよ。」のように、五十音図のイ段を中心に活用する動詞。

例 **着る・似る・見る・過ぎる・恥じる・降りる…など**

●**下一段活用…**「捨て（ない）」、「捨て（ます）」、「捨てる。」、「捨てる（こと）」、「捨てれ（ば）」、「捨てろ。／捨てよ。」のように、五十音図のエ段を中心に活用する動詞。

例 **出る・寝る・考える・曲げる・調べる・枯れる…など**

●**カ行変格活用…**「こ（ない）」、「き（ます）」、「くる。」、「くる（こと）」、「くれ（ば）」、「こい。」と、五十音図のカ行で特殊な活用をする動詞。

「来る」の一語のみ。

●**サ行変格活用…**「し（ない）／せ（ず）／さ（れる）」、「し（ます）」、「する。」、「する（こと）」、「すれ（ば）」、「しろ。／せよ。」と、五十音図のサ行で特殊な活用をする動詞。

サ行変格活用の動詞には、基本の**「する」**のほかに、「愛する」「察する」「勉強する」「発見する」「観察する」などの他の語と「する」が結合した形の語がある。

※動詞の活用については87ページの「活用表」を参照のこと。

動詞の活用の種類の見分け方の一例

動詞の活用の種類は、その動詞に「**ない**」（打消の助動詞）を付けたとき、すぐ上の音が五十音図のどの段になるかによって見分けることができる。

●五段活用………ア段の音になる。　育つ⬇育たない

●上一段活用……イ段の音になる。　朽ちる⬇朽ちない

●下一段活用……エ段の音になる。　当てる⬇当てない

り、それだけで述語になることができる単語。動詞・形容詞・形容動詞の総称。

＊活用

活用する場合は次のような活用形となる。

①未然形…「ない」「う」「よう」に続く。

②連用形…「ます」「た」「て」に続く。

③終止形…言い切る。

④連体形…「こと」「とき」に続く。

⑤仮定形…「ば」に続く。

⑥命令形…命令の意味で言い切る。

※あらかじめ「(〜)する」は〈サ行変格活用〉、「来る」は〈カ行変格活用〉と覚えておく。

動詞を可能の言い方に変える場合

動詞を可能の言い方に変える場合には、次のようにする。

●五段活用の動詞の場合　⬇下一段活用の〈可能動詞〉[*]を用いる。

例 読む・書く・走る⬇読める・書ける・走れる

●上一段活用の動詞の場合　⬇助動詞「**られる**」を付ける。

例 見る・着る・起きる⬇見られる・着られる・起きられる

●下一段活用の動詞の場合　⬇助動詞「**られる**」を付ける。

例 寝る・考える・出る⬇寝られる・考えられる・出られる

※〈サ行変格活用〉の動詞は、「する」を「**できる**」に置き換え、〈カ行変格活用〉の動詞「来る」は「られる」を付けて「**来られる**」にする。

要するに、〈五段活用〉の動詞の場合は下一段活用の可能動詞を用い、〈サ行変格活用〉の動詞は「する」を「できる」に置き換え、それ以外の動詞には「られる」を付ければよいことになる。

本来、「見られる」「来られる」とすべきところを、「見れる」「来れる」とする言い方は誤りで、これを特に《**ら抜き言葉**》と呼ぶ。

また、五段活用の動詞の場合、可能動詞は「読める」「書ける」であるが、さらに「れ」を付けて「読めれる」「書けれる」としてしまう表現を、便宜上《**れ足す言葉**》と呼び、誤用である。

例題　一〜四の文の中に不適切な可能の表現があればその部分を適切な表現に直したものを書

---

*可能動詞
五段活用動詞がもとになった下一段活用動詞で、「〜できる」という可能の意味を表す。
買う⬇買える
勝つ⬇勝てる
運ぶ⬇運べる
など

き、不適切な表現がなければ○を書いてください。

一　私は上半身をここまで曲げれるよ。
二　この枝の太さなら、手でも折れる。
三　空いたお膳は、三段まで重ねられます。
四　多くの魚は、新鮮なものであれば生でも食べれる。

解答　一…曲げられる　二…○　三…○　四…食べられる

動詞を使役の言い方に変える場合

動詞を〈使役〉の言い方に変える場合には、次のようにする。

●五段活用の動詞の場合⬇助動詞「せる」を付ける。

例　書く・買う・取る⬇書かせる・買わせる・取らせる

●上一段活用の動詞・下一段活用の動詞・カ行変格活用の動詞の場合

⬇助動詞「させる」を付ける。

例　着る・寝る・来る⬇着させる・寝させる・来させる

●サ行変格活用の動詞の場合⬇助動詞「せる」を付けて、「する」を「させる」に変える。

要するに、〈五段活用〉〈サ行変格活用〉の動詞の場合には「せる」を付け、それ以外の動詞の場合には「させる」を付けるのである。

「読ませる」「言わせる」とすべきところを、「読まさせる」「言わさせる」のように言うことを**《さ入れ言葉》**と呼び、誤用である。間違いやすいので、注意が必要である。

例題　一〜四の文について、【　】内の言葉を「〜させる」という使役の意味を含む形に変えて（　）に入れるとき、どのような言い方が適切でしょうか。他の動詞は使わず、できるだけ短い形で書いてください。

一【教える】
弟の宿題の分からないところを、兄に（　）た。

二【探す】
姿が見えないポチを、章太郎に（　）よう。

三【泣く】
そんなことで自分の親を（　）ものではありません。

四【出る】
私は無理なので、夕涼み会には妹を（　）ます。

解答　一…教えさせ　二…探させ　三…泣かせる　四…出させ

可能と自発

取れる（⬆取る）　切れる（⬆切る）　抜ける（⬆抜く）　むける（⬆むく）

これらの可能動詞は、〈自発の表現〉*として用いられることもある。

例　ボタンが取れる。　ひもが切れる。　空気が抜ける。　皮がむける。

可能動詞が自発の表現としても使われることは注意しておいてよい。

*自発
自然にある状態になることを〈自発〉という。本文の例以外に、一般には、次のような例がよく挙げられる。

動詞の補助的な使い方

動詞の使い方には、他の動詞と結び付く、補助的な用法（補助動詞）もある。

- 子どもが昼寝をしている。
- 一応説明しておく。
- おじ様が来てくださる。
- ちょっと行ってくる。
- 吾輩《わがはい》は猫である。
- 鍵をなくしてしまった。
- 荷物を運んでもらう。
- 晩年は静かに暮らしていきたい。

※他動詞と自動詞については「語彙」の97ページを参照のこと。

◎形容詞（自立語で活用があり、述語になる）

事物の性質・状態を表し、言い切りが「い」で終わる。用言の一つ。

例 **白い・青い・四角い・懐かしい・うれしい・すがすがしい…など**

- 事物の性質や状態を表す点で形容動詞と似ているが、形容動詞は言い切りが「だ（です）」で終わり、形容詞は言い切りが「い」で終わる。

形容詞は、「寒かろ（う）」、「寒かっ（た）／寒く（ない）／寒う（ございます）」、「寒い。」、「寒い（こと）」、「寒けれ（ば）」のように活用し、命令形はない。

- 形容詞の語幹は、次のように独立してさまざまな形・品詞で使われることがある。

例 あ痛　ああ冷た　黒シャツ　早起き　夜長　意地悪
細々　青々　かわいさ　かわいがる　おもしろ過ぎる

・別れた友のことが思われる。
・昔のことがしのばれる。

形容詞の「ない」

●「存在しない」「所有しない」という意味で使われる「ない」は、形容詞である。

例文 月には空気がない。 砂漠に水はない。

家には金がない。 ほかに方法がない。

●補助動詞と同様、形容詞には次のように補助的な用法がある（補助形容詞*）。

例文 楽しくない。 来てほしい。

●「少ない」「切ない」「情けない」「ぎこちない」「あどけない」「そこはかとない」などは、それぞれが一語の独立した形容詞である。一方、動作や作用を打ち消す「ない」は、助動詞なので注意しよう。（70ページ「助動詞」参照）

◎形容動詞（自立語で活用があり、述語になる）

事物の性質や状態を表し、それだけで述語になれる。言い切りが「だ（です）」で終わる。用言の一つ。

例 立派だ・華やかだ・和やかだ・みやびだ……など

事物の性質や状態を表す点で形容詞と似ているが、形容動詞は言い切りが「だ（です）」で終わる。形容動詞の活用は以下のとおり。

「静かだろ（う）」、「静かだっ（た）／静かで（ある）／静かに（なる）」、「静かだ。」、「静かな（こと）」、「静かなら（ば）」のように活用する。形容詞と同じく、形容動詞に命令形はない。

＊補助形容詞
補助動詞と同様、上の語に補助的な意味を添える形容詞。
・おもしろくない
・食べたくない
助詞の「は」を間に入れて、「おもしろく（は）ない」「食べたく（は）ない」と言えるので、右の「ない」は自立語であって付属語（助動詞）ではない。

＊連用修飾語
用言（動詞・形容詞・形容動詞）の意味内容を詳しく明らかにする働きを担う語。

＊陳述の副詞
「叙述の副詞」「呼応

◎副詞（自立語で活用がなく、主に連用修飾語*になる）

副詞は、状態の副詞・程度の副詞・陳述*の副詞に大きく分けられる。

●**状態の副詞**…動作や作用の状態を詳しく説明する。

例 **たちまち・ゆっくり・ただちに・さらさら・ふわふわ**…など

●**程度の副詞**…性質や状態の程度を表す。

例 **少し・ちょっと・かなり・もっと・きわめて**…など

●**陳述の副詞**（呼応の副詞）…物事に対する話し手の態度や姿勢を表し、述語に決まった言い方を要求する。

例 **たぶん・まさか・もし・おそらく**…など

副詞は主に連用修飾語になるが、次のように、名詞・副詞・その他の語に続く場合もある。

例 もっと右だ。　もう少しください。　まさかの出来事。　あと少しですよ。

陳述の副詞については、後でまとめる。（78ページ「陳述の副詞（呼応の副詞）」参照）

◎連体詞（自立語で活用がなく、連体修飾語*になる）

例 **この・その・ある・あらゆる・いわゆる・きたる**…など

連体詞*は、所属する語の数も少なく、用法の上で問題になることもあまりない。ただし、「この・その・あの・どの」など、事物を指し示す用法の場合には、指示代名詞と同様に何を指すの

の副詞」ともいう。
　日本語は、述語が文末にくる形が基本なので、聞き手には最後まで話し手の意図がよく分からない。そこで、話し手の姿勢や態度を話の途中で明示する〈陳述の副詞〉が、重要になってくるわけである。

＊連体修飾語
　体言（名詞）の意味内容を詳しく明らかにする働きを担う語。

＊連体詞
　連体詞には、もともと他の言葉から転成したものが多い。連体詞の「この」「わが」も、もとの文語では、それぞれ「こ・の」「わ・が」（代名詞＋助詞）の二語であった。

かが問題になるので、文章を読解する際にはそのつど注意が必要である。

接続詞（自立語で活用がなく、接続語となる）

文と文、文節と文節とをつなぐ働きをする。

接続関係の上から分類すると、次のようになる。

①順接…前の事柄の自然な結果が後にくることを表す。

例 それで・そこで・すると・だから・したがって……など

例文 昨日は出かけようとしたら大変な雨が降ってきました。それで、出かけるのをやめました。

②逆接…前の事柄とそぐわない結果が後にくることを表す。

例 しかし・けれども・それでも・それなのに・それにしても……など

例文 彼は努力しました。しかし、努力が報われることはありませんでした。

③累加・並立…前の事柄に後の事柄を付け加えたり、前後の事柄を並べたりすることを表す。

例 また・それに・さらに・おまけに・それから……など

例文 雨が降ってきました。そのうえ、風も吹いてきました。

④説明・補足…前の事柄に対して、説明や補足を付け加えることを表す。

例 なぜなら・つまり・すなわち・ただし・もっとも……など

例文 私は彼の意見には賛成できません。なぜなら、資金的な裏づけがないからです。

⑤対比・選択…前の事柄と後の事柄を比べたり、どちらか選んだりすることを表す。

例 あるいは・もしくは・ないしは・それとも……など

例文 お茶がいいですか。それとも、コーヒーがいいですか。

⑥**転換**…話題を変えることを表す。

例 ところで・ときに・では・さて……など

例文 お元気そうでなによりです。ところで、お子様方は今どちらですか。

接続詞にはそれぞれ独自の用法があるので、誤用によりねじれた文とならないよう、適切に使うことが大切である。

一般に接続詞は文と文、文節と文節をつなぐと説明されるが、実際には段落と段落を結び付けることも少なくないので、文章の読解の際には注意したい。

例題 一～四の文のようなことを言うとき、（　）に入る言葉として最も適切なものを［　］から選んで、番号で答えてください。一つの言葉は一回しか使えないこととします。

一 工場建設の候補地として、（　）浜松あたりはどうだろうか。

二 商品開発の方向性は、使いやすさを求める客のニーズ、（　）使い勝手のよさをいかに高めるかに絞りたい。

三 口で言うのは簡単だ。（　）、実際にやるとなると、そう簡単にはいくまい。

四 来週の火曜日、（　）木曜日であれば、そちらに伺うことができます。

［①つまり　②さて　③もしくは　④しかし　⑤もっとも　⑥例えば］

解答 一…⑥　二…①　三…④　四…③

◎感動詞（自立語で活用がなく、感動・応答・呼びかけなどを表し、独立語*になる）

例 おや・まあ・はい・いいえ・おうい・どっこいしょ……など

連体詞同様、用法の上で問題になることはあまり多くない。文の最初に使われることが多い。

◎助動詞（付属語で活用がある）

用言や体言などに付いてさまざまな意味*を付け加えたり、話し手の判断を示したりするのに用いられる。

例 れる・られる・だ・です・ようだ・そうだ……など

次にいくつかの助動詞の例を示しておこう。

- 彼が犯人だ。〔断定〕
- よい季節になった。〔完了〕
- 私は走らない。〔打消〕
- 子どもたちに壊させる。〔使役〕
- 花壇を犬に荒らされる。〔受身〕
- あれは山田君のようだ。〔推定〕
- 明日は天気が回復するそうだ。〔伝聞〕
- これは私の作品です。〔丁寧な断定〕

＊独立語
感動・呼びかけ・応答など表し、他の部分との関係が希薄で、独立的に働く語。

＊意味・判断を示す
●助動詞が動詞に付け加える〈意味〉
使役・受身・可能・自発・尊敬
●話し手の示す〈判断〉
打消・意志・断定・推定・丁寧など

●明日は伺います。〔丁寧〕

助動詞の「ない」

存在しない・所有しないの意味の「ない」は形容詞であるが、動作や作用を打ち消す「ない」は助動詞なので注意しよう。（助動詞の場合には、打消を表す「ぬ」*に置き換えることができる）

以下は助動詞である。

例文　父は何も買ってくれない。（⬇買ってくれぬ）

駅に行かない。（⬇行かぬ）　もう何も言わない。（⬇言わぬ）

可能・尊敬の「れる」と「られる」

助動詞の「れる」と「られる」は、〈可能〉の意味にも〈尊敬〉の意味にも使われる。次のような文では、どちらの使い方かはっきりしない場合が多い。したがって、分かるように話し手が明確に区別して表現する必要がある。

分かりづらい例　明日は会議に出られますか。

〈迷惑の受身〉の「れる」と「られる」

受身の内容が、不利益や迷惑を受けるものであるというニュアンスを表すことがある。それを〈迷惑の受身〉と呼ぶことがある。

例文　親に死なれる。　妻に泣かれる。　家の隣にビルを建てられる。

売り場で子どもに遊ばれる。

---

*「ぬ」
打消を表す文語の助動詞「ず」の連体形が口語の終止形になったもの。文末に用いられる場合、現代では「ありません」のように「ん」の形になるのが普通である。

◎助詞（付属語で活用がない）

助詞は、格助詞・接続助詞・副助詞・終助詞に大きく分けられる。

●**格助詞**…その語が文の中で他の語とどのような関係にあるかを示す。

例 **が・から・で・と・に・の・へ・より・を**……など

●**接続助詞**…文と文、文節と文節との関係を示す。

例 **が・けれど・たり・つつ・て・ても・と・ながら・ので・のに・ば**……など

●**副助詞**…限定・強意など、話し手の事物の扱い方を示す。

例 **こそ・さえ・すら・だけ・など・は・ばかり・まで・も**……など

●**終助詞**…文末に付いて、話し手の態度や気持ちを示す。

例 **か・かしら・な・なあ・ね・ねえ・や・よ・わ**……など

※このほか、準体助詞*・並立助詞*・間投助詞*などを別に立てることもある。

同じ内容の文でも、述語が自動詞・他動詞・受身・使役・可能などの表現に変化すると、それに合わせて格助詞も変わるので、誤用によるねじれた文にならないように注意したい。

次にいくつか例を示す。

例〔自動詞〕………魔女が倒れた。
〔他動詞〕………娘が魔女を倒した。
〔受身表現〕……娘に魔女が倒された。
〔使役表現〕……娘に魔女を倒させた。

＊準体助詞
種々の語に付いて、体言の資格を与える助詞。「小さいのを選ぶ」「ぼくのはこれだ」の「の」がこれに当たる。

＊並立助詞
文法的に対等な資格の語を並べるのに用いる助詞。「肉と魚と卵」「金魚や小鳥」「行くなり帰るなり好きにしろ」「犬だの猫だの飼っている」の——部分がこれに当たる。

＊間投助詞
文節の切れ目に付いて、語調を整え、語勢を添える助詞。「それでさ、ぼくもね、行くことに賛成したんだ」の——部分がこれに当たる。

〈可能表現〉……娘に魔女が倒せた。

助詞は付属語で、単独では文節を構成できない品詞ではあるが、用法には区別があり、それぞれ独特なニュアンスを持つので、使う際には注意が必要である。次にいくつか説明しておこう。

●「が」と「は」

同じ主語を示す場合でも、「が」と「は」ではニュアンスに違いがある。

例文　Ⓐ 私は校長です。
　　　Ⓑ 私が校長です。

右の例では、使われる場面がまるで違う。Ⓐは、役職を聞かれたときなどの返事、Ⓑは「校長先生はどなたですか?」と聞かれた場合などの返事である。Ⓐ「は」では下の「校長です」に力点が置かれ、Ⓑ「が」では上の「私」に力点が置かれることになる。

●「へ」と「に」

助詞の「へ」と「に」はよく似ているが、使い方に違いがある。

もともと「へ」は〈方向〉を表し、「に」は〈場所・到着点〉を表す助詞であった。したがって、「椅子《いす》に座る」とは言うが、「椅子へ座る」とは言わない。

同様に、「京都へ着く時刻」よりは「京都に着く時刻」の言い方のほうが一般的である。反対に「学校への途中」とは言っても、「学校にの途中」とは言わない。

●「ば」と「と」

ともに順接の接続助詞として使われるが、多少印象が異なる。

例文　夏が来れば思い出す。

例文　夏になると思い出す。

「ば」は、仮定の意味が強く、〈主観的〉な印象が強い。一方、「と」は、自然な因果関係を表し、事実を基にした〈客観的〉な印象が強い。

●「から」と「ので」

「から」と「ので」も、互いによく似た接続助詞である。しかし、用法は微妙に異なる。

例文　何となく気が進まないから、行くのはやめる。

例文　雨が上がりそうもないので、今日はやめておきます。

「から」の用例としては、ほかに「かわいそうだから、助けてやろう」「そんなことだろうと思ったから、様子を見に来たのさ」「それだから言わんこっちゃない」などがある。また、「ので」の用例としては、ほかに「再建の見通しが全く立たないので、工場を売却した」「熱が三十八度あるので、学校を休みます」「大雪警報が出たので、今日は休校にします」などがある。

これらの用例からも明らかなように、「から」の場合にはかなり〈主観的〉なニュアンスがあり、「ので」の場合には、事実を基にした〈客観的〉なニュアンスがある。

「接続助詞」「副助詞」については、改めてまた後で触れる。（79ページ「接続助詞」「副助詞」参照）

例題　一～二、三～四の文のようなことを言うとき、（　　　）に入る言葉として最も適切なものを、それぞれ後の〔　〕から選んで答えてください。一つの言葉は一回しか使えないこととします。

一（　）あのような試合結果になろうとは、思ってもみなかった。

二（　）この先どのような試練があろうとも、乗り越えていくつもりです。

〔①たとい　②いよいよ　③かなり　④まさか〕

三　口ではそう言った（　）、なかなか突っぱねることはできそうにない。

四　とにかく形（　）でも整えてもらわないことには、私としても立場がない。

〔⑤ので　⑥ものの　⑦しか　⑧だけ〕

解答　一…④　二…①　三…⑥　四…⑧

〔2〕文の文法

語順と係り受け

語順

日本語の一般的な語順は、次のとおりである。

①主語は述語の前にくる。

②修飾語は被修飾語*の前にくる。

③独立語、文と文を結ぶ接続詞は文の初めにくる。

*被修飾語
修飾語によって、その意味内容を詳しく言い定められる語。

ただし、話し言葉などでは、右の語順が変わることも少なくない。

例文　**本当にそんなことをしたのか、君は！**

また、文には必ず主語が置かれるとも限らない。書き手自身が主語の場合には、しばしば省かれる。

例文　**窓から裏の林を眺めると、実によい気持ちだ。**

また、語順を変えることによって、文の印象もさまざまに変わる。

例文　**五月十日、晴天の下、私たちは修学旅行で北海道の知床に向けて出発しました。**

試みにこの文の語順を、順番に変えていってみよう。

- 晴天の下、私たちが修学旅行で北海道の知床に向けて出発したのは、五月十日のことでした。
- 五月十日、晴天の下、私たちが北海道の知床に向けて出発したのは、修学旅行でした。
- 五月十日、晴天の下、私たちが修学旅行で向かったのは、北海道の知床でした。
- 五月十日、晴天の下、修学旅行で北海道の知床に向けて出発したのは、私たちでした。
- 五月十日、私たちが修学旅行で北海道の知床に向けて出発したのは、晴天の下でした。

このように語順を変えてみると、最後にくる語句が特に強調*されていることが分かる。

係り受け

文中の語句が、下のどの語句を修飾しているのかが、係り受けの問題である。

文章を書く際には、読み手を混乱させないように、語句の係り受けには細心の注意を払う必要がある。次の文ではどうだろうか。

例文　**刑事は血まみれになって逃げる男を追いかけた。**

＊強調
語順を変えたため下の部分が強調されるのは、文が「〜は」の形になったからである。助詞の「は」では、以下の部分が強調される。

例文　きのう駅前で買った本を読んだ。

それぞれ、「血まみれになって」「きのう」が、どの言葉に係っているのかが曖昧である。

このような場合には、読点*を使って区別するか、語順を変えるかなどの工夫が必要となる。例えば次のように表せば、それぞれの意味ははっきりするだろう。

- 刑事は、血まみれになって逃げる男を、追いかけた。（⬇血まみれになっているのは「男」）
- 血まみれになって逃げる男を、刑事は追いかけた。（⬇血まみれになっているのは「男」）
- 刑事は血まみれになって、逃げる男を追いかけた。（⬇血まみれになっているのは「刑事」）
- きのう、駅前で買った本を読んだ。（⬇読んだのが「きのう」）
- 駅前で買った本を、きのう読んだ。（⬇読んだのが「きのう」）
- きのう駅前で買った本を、読んだ。（⬇買ったのが「きのう」）

もう一つ例を挙げておこう。

例文　斉藤さんと妹が文化祭に出かけた。

これも「斉藤さんと妹」との関係を知らない読み手には意味がはっきりしない。次のように書けば誤解は防げるだろう。

- 斉藤さんと妹さんが文化祭に出かけた。（⬇「妹」は斉藤さんの妹）
- 斉藤さんとうちの妹が文化祭に出かけた。（⬇「妹」は私の妹）

語順とは別に、もともと紛らわしい表現もある。次の例がそうである。

例文　AはBのようにうまくない。

これでは、Bがうまいのかうまくないのかが分からない。紛らわしい表現なので、次のような誤解のない言い方を初めから目指したほうがいい。

＊句読点
分かりにくい文でも、句読点の使い方次第で多少改善されることがある。また、言葉の微妙な感じも、工夫次第で表すことができる。
・「君が作ったの、これ?」
・「君が作ったの? これ。」

●AもBもうまくない。
●Bは上手だが、Aは下手だ。

陳述の副詞（呼応の副詞）

副詞のうち、陳述の副詞は、語り手の気持ちや姿勢を表すものである。述語には一定の決まった言い方が後にくる場合が多いので、注意が必要である。次にいくつか例を挙げてみよう。傍線の……が――の陳述の副詞*に呼応する表現である。

●明日は必ずお迎えに上がります。〔断定の言い方が後にくる〕
●この雨も、たぶん明日の朝にはやむでしょう。〔推量〕
●あなたの意見に、私は決して賛成しません。〔打消〕
●まさかあの人が来るわけがあるまい。〔打消推量〕
●かりに情報が本当だとしても、私は決めたとおり行動する。〔仮定〕
●どうしてその大事なサインを見落としたのかが分からない。〔疑問〕
●どうして私が賛同できるものですか。〔反語〕
●どうか今回のことは見逃してやってください。〔依頼〕

※106ページの「文末表現と呼応するものの例」参照

次の例では、副詞に呼応する表現が下にないために、ねじれた文となっている。

例文 **もし高校へ進学して、親友の田中さんと別れるのがどんなにつらいだろうと思いました。**〔仮定〕

これは、「もし……別れるとしたら」などの表現が適切。

＊副詞の呼応
この他の陳述の副詞には次のようなものがある。
・絶対に…〔決意〕
・決して…〔否定〕
・幸い……〔幸運〕

このほか、〈接続助詞〉や〈副助詞〉にも、話し手の気持ちや姿勢を明らかに示すものがあるので、副詞と同様、表現するときにはねじれた表現にならないような注意が必要である。これらについても次にいくつか例を示してみよう。

接続助詞

●名前はいかにも怖そうだけれども、花は見てのとおり実にかわいらしい。〔逆接〕
●そんなにほめてくれても何も出ないよ。〔仮定の逆接〕
●わざわざ現地まで出かけていったのに、結局彼には会えなかった。〔不服〕
●行ってよかったどころか、今回はとんだ目にあった。〔反対の叙述〕
●ペンを執ってはみたものの、さっぱりよい考えが浮かんでこない。〔逆接〕
●詳しい事情も知らないくせに、彼は細かいところまで口出ししてくる。〔非難〕

副助詞*

●格好だけ真似をしても、精神が伴わなければだめだ。〔限定〕
●ようやくこの段階まで作業が進みました。〔到達点〕
●これさえあれば、鬼に金棒です。〔一つの事柄があれば他はいらないという条件〕
●あの人でさえ務まるのだから、あなたなら大丈夫ですよ。〔極端な例示〕
●私は、別に試合になんて、出たくありません。〔軽んじた例示〕
助詞の持つ微妙なニュアンスを正しく理解しておきたい。

＊副助詞
副助詞も、それぞれ微妙なニュアンスを持っているので、使用する際には注意が必要である。
・ぼくでもこのくらいの成績はとれるよ。
・ぼくでさえこのくらいの成績をとれるぜ。
「でも」や「さえ」は極端な例を挙げる場合に使う副助詞なので、これを自分にではなく、他人に使う場合には注意。

検定問題・1級

一～四について、【　】に示した条件から考えて、（　）に入る表現として無理なく成り立つものをそれぞれ二つ選び、番号で答えてください。

一【会社の同僚に正月休みの家族旅行の相談をされて】

正月に旅行に（　）、京都がおすすめだよ。

①行くと　②行くのだったら　③行けば　④行くなら

二【大雪の日、電車が大幅に遅れていることを駅の構内放送で聞いて】

このまま雪が（　）、運転を見合わせるかもしれない。

①止まないと　②止まないので　③止まなければ　④止まないから

三【月曜日に週間天気予報を見て】

今度の週末は雨が降る（　）から、山登りは延期しようか。

①はずだ　②みたいだ　③かもしれない　④にちがいない

四【町内会の集まりにいやいやながら自分が出席するつもりでいたが、妻が出席できると聞いて】

君が（　）、ぼくは出るのをやめるよ。二人も行くことはないから。

①出られるなら　②出られれば　③出られたなら　④出られるのだったら

解答　一…②・④　二…①・③　三…②・③　四…①・④

解説　一　実際に「旅行に行く」かどうかはともかく、「行く」ことが実現するという前提に立った発言なので、②「行くのだったら」、④「行くなら」が適切。①「行くと」、③「行けば」は、「行く」ことによって生じると予測される事態を述べようとしている意を表し、不適切。

二　後件の帰結が、断定することはできないが、その可能性があることを表す「運転を見合わせるかもしれない」なので、「雪が止まない」という状態を前提条件にしている、①「止まないと」、③「止まなければ」が適切。②「止まないので」、④「止まないから」は、運転を見合わせるかどうかが確定していない時点で、運転を見合わせる理由を述べようとする意を表し、不適切。

三　月曜日に週末の天気予報を見て下した判断である。②「(雨が降る)みたいだ」、③「(雨が降る)かもしれない」は、どちらも可能性の一端を示し、未来のことに対する推量判断である点で、適切。①「(雨が降る)はずだ」、④「(雨が降る)にちがいない」は、天気予報が当たることを確信しているという前提がなければ言えないので、不適切。

四　妻が出席できないと想定していた事態が変化したのだから、想定外の事態の実現を前提としていることになる。その点から、①「出られるなら」、④「出られるのだったら」が適切。「出席する」ことが仮定である含みもありうる、②「出られれば」は不適切。過去のことを言っているのではないので、③「出られたなら」も不適切。

〔3〕語句の誤用と文のねじれ

語句の誤用

重複した表現による誤用例

ひと続きの語句の中で、内容的に重なった表現をしてしまうことがあるので注意したい。

例 いちばん最初　今の現状
重大な被害をこうむる　過半数を超した　白熱した熱戦
突然の急停車　いまだに未解決の事件

次は、一つの文の中に重複した内容を含んでいる例である。

例 我ながらいささか自画自賛したい気持ちがなきにしもあらずである。

「いささか」と「なきにしもあらず」が内容的に重複している。

次のような例も、よく目にするので気をつけたい。

例 船が沈んだ原因は、積み荷が多すぎたことが、主な原因です。

例 剣道部に入部した動機は、体が丈夫になると思ったから入部しました。

語句の不正確な表現

一般に決まった言い方があるのに、それとは違った不確かな言い方をしてしまうことがあるので注意しよう。

〔誤用例〕

●甘やかせる（⬇甘やかす、が適切）

●なごやんだ（⬇なごんだ）

●どうしようもならない（⬇どうしようもない）

慣用的な語句の表現

慣用的な言い方から外れると、やはり誤用となる。

●仕事に手がつかない（⬇仕事が手につかない）

●さすがに嫌気をさす（⬇嫌気がさす）

●鼻の先で笑われる（⬇鼻の先であしらわれる）

●鼻を背ける（⬇顔を背ける）

●誰に指さされるようなことはしていない（⬇人に指さされるようなことはしていない）

並列の表現

物事を並列して言う場合には、決まった形があり、「〜なり〜なり」「〜たり〜たり」の表現では、一方の「なり」や「たり」を省略して使うことはできない。次に並列の誤用の例を示してみよう。

例 **もしもご不満があるのでしたら、私を啓発してくださるなり、ご自分の意見をはっきり述べてください。**

「はっきり述べてください」を「はっきり述べるなりしてください」に直す。

例 **私は、あの人が他人をそしったり、悪口を言うのを聞いたことがありません。**

「悪口を言うのを」を「悪口を言ったりするのを」に直す。

また、語句を並べる場合には、語句を整った形で列挙する必要がある。

例 **支配と支配されるもの。**

「支配するものと（支配）されるもの」に直す。

例 **具体的な仕事の内容は、電話の取り次ぎと、お茶を入れることと、掃除をするだけです。**

「掃除をするだけです」を「掃除をすることだけです」に直す。

文のねじれ

ねじれた文とは、書き手の不注意によって、構造的に分かりにくかったり、誤解を受けやすくなったりしている文のことである。主述が照応しないものがこの問題の中心であるが、そのほかにも、語句の省略、語順の乱れ、係り受けの曖昧なものなど、さまざまな要素が含まれる。

必要な語句の省略

省略しても誤解を生じない語句を省くことは日常行われているが、ないと分かりにくい場合の主語を省いてはいけない。

例 **健一君が古井戸に転落したとき、持っていた鎖を放したので、主人の急を知らせに駆け戻ったのだろう。**

「駆け戻った」の主語がないので、「主人の急を知らせに」の前に、「愛犬は」などが必要である。

前後が呼応しない文

前の語句と後の語句とが呼応しない文が、ねじれた文の典型である。

例 **奈良近郊で、私が特に好ましく感じたところは薬師寺の春であった。**

「感じたところは……春であった」では主述が照応していない。⬇「特に好ましく感じたのは……薬師寺の春〔の風景・風情・雰囲気〕であった」などとする。

例 **安全な肉でも、人の手から手へ渡る際に、どこで汚染されないという保証は全くないはずだ。**

「どこで汚染されないとも限らない」と「汚染されないという保証は全くないはずだ」の二つの表現が混交*（コンタミネーション）している。どちらかの言い方に統一する。

例 **このほかにも、美しい化粧箱の詰め合わせが取りそろえています。**

「化粧箱の詰め合わせが……取りそろえています」では、照応しない。「詰め合わせが」を「詰め合わせを」に直すか、「取りそろえています」を「取りそろえてあります」などに直す。

例 **乳酸菌にはこんな力を持っているからです。**

「乳酸菌には……こんな力を持っている」は不適。「乳酸菌には」を「乳酸菌は」と直すか、「を持っている」を「がある」などに直す。

例 **ぼくが承諾しない理由は、そもそも君が人にものを頼むときの態度が気にくわない。**

「理由は……態度が気にくわない」は照応していない。「態度が気にくわないからだ」などに直す。

例 **信じられない。君がそんな軽率な男ではなかったはずだ。**

＊混交（コンタミネーション）　二つの文脈が混線して、結果的にねじれた文になること。木に竹を接いだような表現とならないように、いずれか一方の言い方を最後まで通すことが必要である。

「君が…男ではなかったはずだ」は不自然な表現。「君は…男ではなかったはずだ」などに直す。

例 **四月十日、新しい大学生活にスタートした。**

「新しい大学生活にスタートした」は照応していない。「新しい大学生活がスタートした」に直すか、「新しい大学生活に向かってスタートした」などに直す。

文のねじれの実例は、日常生活の中でわたしたちの身の回りにあふれている。自分でそのような文を言ったり書いたりしない努力をするとともに、他人の不適切な表現に気づく目を養っていきたいものである。

活用表

動詞活用表

種類	行	基本形	語幹	未然形	連用形	終止形	連体形	仮定形	命令形
主な続き方				ナイ レル ラレル ウ・ヨウ	マス タ テ	言い切る ト カラ	トキ コト ノ	バ	命令で言い切る
五段	カ	書く	か	か こ	き い	く	く	け	け
五段	サ	話す	はな	さ そ	し	す	す	せ	せ
五段	タ	立つ	た	た と	ち っ	つ	つ	て	て
五段	ナ	死ぬ	し	な の	に ん	ぬ	ぬ	ね	ね
五段	マ	読む	よ	ま も	み ん	む	む	め	め
五段	ラ	走る	はし	ら ろ	り っ	る	る	れ	れ
五段	アワ	言う	い	わ お	い っ	う	う	え	え
五段	ガ	防ぐ	ふせ	が ご	ぎ い	ぐ	ぐ	げ	げ
五段	バ	飛ぶ	と	ば ぼ	び ん	ぶ	ぶ	べ	べ
上一段	ア	用いる	もち	い	い	いる	いる	いれ	いろ いよ
上一段	カ	起きる	お	き	き	きる	きる	きれ	きろ きよ
上一段	タ	落ちる	お	ち	ち	ちる	ちる	ちれ	ちろ ちよ
上一段	ナ	似る	(に)	に	に	にる	にる	にれ	にろ によ
上一段	マ	見る	(み)	み	み	みる	みる	みれ	みろ みよ
上一段	ラ	借りる	か	り	り	りる	りる	りれ	りろ りよ

種類	行	基本形	語幹	未然形	連用形	終止形	連体形	仮定形	命令形
主な続き方				ナイ レル ラレル ウ・ヨウ	マス タ テ	言い切る ト カラ	トキ コト ノ	バ	命令で言い切る
上一段	ガ	過ぎる	す	ぎ	ぎ	ぎる	ぎる	ぎれ	ぎろ ぎよ
上一段	ザ	閉じる	と	じ	じ	じる	じる	じれ	じろ じよ
上一段	バ	延びる	の	び	び	びる	びる	びれ	びろ びよ
下一段	ア	教える	おし	え	え	える	える	えれ	えろ えよ
下一段	カ	受ける	う	け	け	ける	ける	けれ	けろ けよ
下一段	サ	乗せる	の	せ	せ	せる	せる	せれ	せろ せよ
下一段	タ	建てる	た	て	て	てる	てる	てれ	てろ てよ
下一段	ナ	重ねる	かさ	ね	ね	ねる	ねる	ねれ	ねろ ねよ
下一段	ハ	経る	(へ)	へ	へ	へる	へる	へれ	へろ へよ
下一段	マ	止める	と	め	め	める	める	めれ	めろ めよ
下一段	ラ	流れる	なが	れ	れ	れる	れる	れれ	れろ れよ
下一段	ガ	曲げる	ま	げ	げ	げる	げる	げれ	げろ げよ
下一段	ザ	混ぜる	ま	ぜ	ぜ	ぜる	ぜる	ぜれ	ぜろ ぜよ
下一段	ダ	出る	(で)	で	で	でる	でる	でれ	でろ でよ
下一段	バ	食べる	た	べ	べ	べる	べる	べれ	べろ べよ

種類	行	基本形	語幹	未然形	連用形	終止形	連体形	仮定形	命令形
主な続き方				ナイ レル ラレル ウ・ヨウ	マス タ テ	言い切る ト カラ	トキ コト ノ	バ	命令で言い切る
カ変	カ	来る	(くる)	こ	き	くる	くる	くれ	こい
サ変	サ	する	(する)	し せ さ	し	する	する	すれ	しろ せよ
サ変	サ	勉強する	勉強	し せ さ	し	する	する	すれ	しろ せよ

形容詞活用表

基本形	語幹	未然形	連用形	終止形	連体形	仮定形	命令形
主な続き方		ウ	タ ナル ナイ ゴザイマス	言い切る ト カラ	トキ コト ノ	バ	
寒い	さむ	かろ	かっ く う	い	い	けれ	○
楽しい	たのし	かろ	かっ く う	い	い	けれ	○

形容動詞活用表

基本形	語幹	未然形	連用形	終止形	連体形	仮定形	命令形
主な続き方		ウ	タ ナイ ゴザイマス ナル	言い切る ト カラ	トキ コト ノ	バ	
便利だ	べんり	だろ	だっ で に	だ	な	なら	○
便利です	べんり	でしょ	でし	です	(です)	○	○

*中学校用国語科教科書『新編新しい国語1』（東京書籍）による。

●語彙

「語彙」とは

「語彙《ごい》」とは、ある範囲内における単語の総体であり、この「語彙」領域で問われるのは、言葉の豊富さである。自身がどれだけ豊富な語彙を持っているかは、読書量など、日頃の経験に大きく左右される。

本章では、「語と語の関係」をはじめとして、「語彙」領域での注意点を紹介しているが、語彙の学習は、法則や注意点を知ればそれで終わりというものではなく、実際の言葉に触れ、語彙を増やしていく経験が必要である。後半104ページからは、要注意語の一覧を掲げる。そこには、注意点や簡単な用例を記してあるので、活用してほしい。なお、日本語検定の設問には、これらの一覧以外からも出題される場合がある。

また、本章は、次章「言葉の意味」とも密接な関係を持つ領域である。その言葉を正しく知っているということは、その言葉の意味を正しく理解し、正しく使用できるということでもあり、そのような意味では、実際の使用の場面の問題は、「言葉の意味」の領域の問題となるのである。そこで、「言葉の意味」を正しく理解しつつ、「語彙」の量を増やしていくというように、この二つの領域の学習は、実際は同時に行われると考えてよい。次章の後半にも、慣用句やことわざ、四字熟語、故事成語などの一覧が掲載されているので、そちらも併せて活用してほしい。

本章の本文は語彙学習の手助けとなるよう道筋を示したものであり、章末の一覧も一例にすぎない。本文で、何に気をつけ、どう考えればいいのかを把握したうえで、その先、実際の経験こそが重要である。語彙の学習にゴールはなく、読書など、日頃の経験を重ねれば重ねるほど語彙力は向上するものなので、章末のリストを覚えるだけで満足せず、日頃触れる言葉に、常に注意を向けるようにしてほしい。

語と語の関係

語と語の関係を意味の面から考えるとき、何らかの関係があると考えられる組み合わせがいろいろ浮かぶ。例えば、「成功」―「失敗」という組み合わせを見ると、両者は「反対の意味を持った語の組み合わせ」という〈関係〉にすぐ気づくだろう。

語と語の関係は、このような反対どうしの組み合わせというものに限らず、多岐の種類にわたる関係が認められる。そのような語と語の関係をきちんと把握し、整理できる能力は、自身の語彙体系を整理するにあたってきわめて重要なものであるといえよう。

主な語と語の関係

ここでは、語と語の関係のうち、代表的なものを挙げる。これらは、語彙を整理するにあたっての基本的な観点なので、しっかり押さえておきたい。

●対義関係の他の例

膨張―収縮
静寂―喧噪
高貴―下賤
否認―是認
濃縮―希釈
保守―革新
潜在―顕在
相対―絶対
内包―外延
唯物―唯心
分析―総合
抽象―具体
賢明―暗愚
寡黙―饒舌
慎重―軽率
興隆―衰亡
諮問―答申
故意―過失
悠長―性急
甚大―軽微
文治―武断
禅譲―放伐

①対義関係

前に挙げた「成功」と「失敗」のように、反対の意味を持つものの組み合わせを、「対義関係」という。また、ある語に対して、反対の意味を持つ語を「対義語」という。

例　益虫—害虫　謙遜—不遜　開始—終了　記憶—忘却　一般—特殊

（前ページ下段参照）

②類義関係

似たような意味を持つものの組み合わせを、「類義関係」という。例えば、「懸念」と「心配」は、ともに「気がかりなことを表す」という点をもって、類義関係にあるといえる。また、ある語に対して、似たような意味を表す語を「類義語」という。

例　謙遜—謙譲　由来—由緒　異論—異議　批判—批評　横領—着服（下段参照）

③上下関係

語と語の間で、一方が、もう一方を含んでより広い意味を表す場合を、「上下関係*」という。「哺乳類」と「ヒト」の関係が、上下関係の例に当たる。「ヒト」は「哺乳類」の一種であり、「哺乳類」に含まれる。また、ここでの「哺乳類」のように、同類のものをまとめて表す、意味の広いほうを「上位語」、「ヒト」のように、それに属するものを表すほうを「下位語」という。

例　犬—チワワ　公務員—警察官　毛—ひげ　惑星—土星

●類義関係の他の例

臆病—小心
躊躇《ちゅうちょ》—逡巡《しゅんじゅん》
比肩—匹敵
滞在—逗留《とうりゅう》
既往—過去
継承—踏襲
堅持—墨守
死亡—物故
悠長—鷹揚《おうよう》
旅費—路銀
混沌—カオス
短所—デメリット
矜持《きょうじ》—プライド

＊上下関係

「包含関係」ともいう。下位語が上位語に含まれることを「包含される」という。本文の例でいえば、「ヒト」は「哺乳類」に包含される。

上下関係において、上位語に対する下位語

④並列関係

ある観点のもと、同じ立場にあるといえる語の関係を、「並列関係」という。例えば、「月曜日」と「火曜日」は、曜日を構成するものとして同じ立場にあることをもって、並列関係にあるといえる。

例　氷雨・霧雨・時雨……（雨の種類）　喜・怒・哀・楽……（感情の種類）

その他の関係

以上、語と語の関係のうち、主要なものを紹介したが、語と語の関係は、前記四種にとどまらず、多様にありうるので、ここではその例をいくつか紹介する。

⑤ものと、その部分の関係

「自転車」と「ペダル」の関係のように、一方に対し、もう一方がその部分であるという関係も、よく見られる関係である。

例　椅子―脚　自動車―タイヤ　パソコン―キーボード

⑥道具と、その用途の関係

「ライター」と「着火」の関係を考えてみよう。この組み合わせは、「ライターで着火する」と言えるように、道具と、それを使ってすること、という関係をなしているといえる。

例　針―裁縫　そろばん―計算　タロットカード―占い

の集まり（「犬」に対する「柴犬」「チワワ」「ダックスフント」など）は、並列関係にあることが多い。

ただし、下位語の集合が常に並列関係にあるとは限らない。「犬」に対する下位語としては、「野良犬」、「老犬」、「チワワ」など、さまざま考えられるが、この三つは並列関係をなさない。上下関係をなすといっても、どのような観点においてそういえるかにはさまざまなものがあり、例えば「種類」など、ある共通の観点において上下関係をなすものの集合が、並列関係になるのである。

⑦ある行為と、それに伴って支払う料金・代金の関係

「参拝」と「拝観料」の関係、「観劇」と「木戸銭」の関係などは、ある行為と、それに支払う料金・代金の名称、という関係にあるととらえることができる。

⑧その他の関係例

語と語の関係は、他にも少し考えればいくらでも挙げられる。

- ものと産出地……石油—油田
- ある行為と、それを職業とする人……落語—噺家《はなしか》
- 作品と作者……考える人—ロダン
- 尊称と一般称……尊父—父
- ものと数え方……本—一冊
- 県名と県庁所在地……栃木—宇都宮
- 作品と成立時期……枕草子—平安時代
- 動物と主食……コアラ—ユーカリの葉

以上のような例まで見れば明らかなように、語と語の関係は、無数にありうる。そこで、91ページの「主な語と語の関係」で取り上げた基本的な関係は押さえておきたいが、それ以外の関係については、さまざまな観点からその場で考えられる柔軟性が必要である。

また、語と語の意味関係を判断するには、そもそもその語の意味が正しく理解できていることが前提となる。上級ともなると、対象とする語の意味自体が難解な場合も多いので、関係の整理

●**意味の重複**

96ページの「結び付きにおける語の性格」では、文レベルでの問題を扱うが、本文で紹介すること以外にも、文レベルで気をつけておくべきこととしては、「頭痛が痛い」式の、意味的に二重になってしまう表現をしないということが挙げられる。

やや難しい言葉になると、このようなミス

能力以外にも、「言葉の意味」領域にもかかわることとして、それらの語の意味が理解できるだけの語彙力をつけておく必要もある。

例題　次の一～三のそれぞれについて、【　】の中に記されているものと同じ関係になる組み合わせを一つ選んでください。

一　**【栄転―左遷】**
［①進退―去就　②不《ぶ》躾《しつけ》―無作法　③任命―罷免　④感情―論理］

二　**【矜持―プライド】**
［①協調性―アイデンティティー　②秩序―カオス　③短所―メリット　④私事―プライベート］

三　**【裁縫―洋服】**
［①醸造―酒　②医者―患者　③板前―料亭　④鋤《すき》―農耕］

解答　一…③（対義関係）　二…④（類義関係）　三…①（ある行為とその結果の生成物という関係）

も起こりやすい。例えば、「うなだれる」は、頭を垂れるという意味なので、「頭をうなだれる」というのは「頭痛が痛い」式の間違いである。同様に、「雪辱」は、「雪」が「すすぐ」という意味なので、「雪辱をすすぐ」は誤り。「雪辱」自体が「恥をすすぐ」という意味であるので、「雪辱する」「雪辱を果たす」などが正しい。

結び付きにおける語の性格

語は、他の語と結び付きながら文を構成する。それぞれの語は、意味をはじめとしてさまざまに固有の性格を持っており、その性格が結び付き方、すなわち文の構成の仕方を左右する。前節は、語が単語として存在する場合、つまり単語レベルでの問題を扱ったが、本節では、その語が（語と語として「並ぶ」だけでなく）実際に他の語と結び付いていく場合、つまりは文レベルでの問題にかかわる注意点を紹介する。

文法との関連

文は、語と語を文法規則に従って結び付けていくことによって構成される。よって、語を他の語とのつながりにおいてとらえる場合、文法という観点もかかわってくる。文法は、大きな視野で見れば、個々の単語の個別性を超えた、一般的な法則といえる面もあるが、その一方で、単語一つ一つをとっても、例えばこの動詞はどのような格の名詞をとるかなど、それぞれが文法の面で固有の性格を持っている。よって、「語彙」領域に属する語一つ一つに関しても、「文法」の観点からその性格をとらえ直す視点も必要である。

＊自動詞と他動詞

①自動詞・他動詞の対応が一対一ではない場合もある。

例えば、「つながる」（自）―「つなげる・つなぐ」（他）

「縮める」（他）―「縮まる・縮む」（自）など。

②一つの動詞が自動詞、他動詞両方の用法を持つ場合もある。

例えば、「作業を中断する」と「作業が中断する」。

③形の上で対をなしている二つの動詞が、自動詞・他動詞の対ではない場合もある。

例えば、「教える」―「教わる」という対

動詞の自他

動詞に関しては、その意味を知っておくのはもちろんだが、単語としての意味を知っておくにとどまらず、格を含め、どのような文の骨組みを持っているかも正確に知っておかねばならない。

そこで注意しておかなければならないのが、自動詞*と他動詞の区別である。名詞の格はさまざまにあるが、その中で「が」格、「を」格に注目したとき、「が」「を」両方とるものが他動詞、「が」をとり、「を」をとらないものが自動詞である。動詞の自他は、正しく知っておかなければ文法上の誤りを起こしやすいので、注意が必要である。

日本語の動詞には、形の上で自動詞と他動詞が対をなしている場合も多いので、そのような自動詞・他動詞の対をきちんと知っておこう。

例 上がる―上げる　立つ―立てる　壊れる―壊す　伸びる―伸ばす

陳述の副詞

「まるで」―「〜ようだ」などのように、文中の副詞が述語と呼応するという、いわゆる陳述*の副詞についても、意味だけでなく、文レベルで述語との対応関係まで把握しておかなければならない。陳述の副詞の意味、述語との呼応の仕方を知っておくことがまず前提となるが、他にも細かな注意点があるので、ここに挙げておく。

●呼応の仕方が一パターンではない場合もある

①呼応の仕方が何パターンかある場合がある。例えば、前述の「まるで」には、「ようだ」などの比況表現と呼応する場合（「まるで夢を見ているようだ」）のほか、否定表現と呼応する場合

は、「日本語を教える」「日本語を教わる」となるとおり、ともに他動詞である。

＊基本的な陳述の副詞

決して………打消（「ない」など）

たぶん・おそらく……推量（「だろう」など）

もし………仮定（「なら」など）

たとえ……逆接仮定（「ても」など）

ぜひ………希望（「たい」など）

まるで………比況（「ようだ」など）

また、推量表現との呼応、という場合、「たぶん来ない」のように形の上では推量形式を伴わず、意味的には推量表現をなしている、という場合もある。

もある（「まるで分かっていない」）。

②また、陳述の副詞としての用法のほかに、通常の副詞としての用法を持つものもある。例えば、「とても」には、不可能表現と呼応する場合（「私にはとても言えない」）があるが、特別な文末表現と呼応せず、通常の修飾語としての働きしか持たない場合（「とても美しい」）もある。

●呼応する意味と述語形態に関する注意

「どうやら」や「たぶん」などは、推量表現と呼応するという点では共通であるといえる。しかし、推量表現といっても、述語形態としては「だろう」「らしい」「ようだ」などさまざまな形がある。このうち、「どうやら」が呼応するのは「らしい」「ようだ」など、「たぶん」に呼応するのは「だろう」など、というように、推量表現の中でも、どのような形態と呼応しやすいかがさらに分かれているので、そのような点にも注意が必要である。●陳述の副詞に関しては、106ページの「文末表現と呼応するものの例」参照

慣用句をはじめとする特定の結び付き

慣用句のように、特定の結び付き*によって、ある特別な意味を表す表現がある。

例えば、慣用句「足を洗う」なら、「足」・「を」・「洗う」という結び付きで初めて「よくない習慣をやめる」という意味になる。このように慣用句は、それを構成している単語の意味を組み合わせただけでは予測しにくい意味を持っている。その表現が慣用句であること、さらにその意味までを知っておかなければ、「足を洗う」は、文字どおり足の汚れを落とすことにしかとらえられない。そこで、慣用句に関しては、それを構成する語の結び付きという「形」のほかに、そ

＊特定の結び付きの語
組み合わせが固定的な言い方は、それがさほど特別な意味という感じがしなくても、広い意味では慣用句に含まれる。広い意味での

れが表す「意味」にも注意が必要である。慣用句の意味を正しく理解するというのは、次章「言葉の意味」の問題でもある。

本来ある程度自由な結び付きができる語が、ある特定の結び付きをした場合に限り特別な意味を表す、というのが一般的な慣用句だが、語によっては、最初からある特定の語と結び付くことが特に多い、というものもある。例えば、「風采《ふうさい》」という名詞は、「人の外見」という意味であるが、外見がぱっとしないことの表現として「風采が上がらない」という言い方で使われる場合がほとんどであり、「風采がいい」「独特の風采」などの自由な結び付きは、実際はまず使われることがない。このように、語によっては、その語自体が特定の結び付き方に偏るものがあるので、それらについては、ただ単語として意味を知っているだけではなく、よく用いられる組み合わせまで含めて知っておく必要がある。●107ページ「特定の使い方が多いものの例」参照

慣用句には、「風采が上がらない」はもちろん、「将棋を指す」「相撲を取る」などの組み合わせまで含まれる。

例題 次の一～三について、（　）内にふさわしい言葉を①～⑤の中から選んでください。

一　生活が苦しくなる……………（　）が干上がる

二　本心を隠さない………………（　）を割る

三　予定より遠くに行く…………（　）を伸ばす

［①腹　②顎　③耳　④足　⑤膝］

解答　一…②　二…①　三…④

擬態語

日本語の特徴の一つとして、「おろおろ」「のろのろ」など、擬態語*が豊富に存在するという点が挙げられる。

擬態語は品詞としては副詞に属し、感情や態度、物事のありようを表現する。擬態語は、実際には音を伴わない出来事のありさまを、音の印象で表現しているものであり、どのような音（擬態語）が、どのようなありさまを表現するかは社会的に決まっている。各擬態語が表す様子、および何を修飾するかを、きちんと知っておこう。●107ページ「擬態語などの例」参照

助数詞

数を数える際には、「一つ」の「つ」や「一個」の「個」のように、助数詞が付く。日本語では、数えるものに応じてさまざまな助数詞が用意されているので、それらをきちんと知っておかなければならない。近年では、何でも「一個」と数えて済まそうという風潮があるが、簞笥《たんす》を「一棹《ひとさお》」と数え、箸《はし》を「一膳《いちぜん》」と数えるなど、古来から豊富な助数詞が存在するので、助数詞を含めた正しいものの数え方を知っておきたい。

さまざまな助数詞

●青菜、素麺《そうめん》……一把《いちわ》

●タラコ……一腹《ひとはら》

＊文の中での擬態語の使い方

いくつかのパターンがある。

①そのまま修飾語になる。［例］「ゆっくり歩く」など。

②「と」を伴って修飾語になる。［例］「ゆっくりと歩く」

③「する」を伴って述語化する。［例］「もう少しゆっくりする」

全ての擬態語に①〜③の用法が備わっているとは限らない。例えば、「つくづく」などには③の用法はないし、「ぽつねん」などは専ら②の「ぽつねんと」という形で使われる。そこで、擬態語に関しては、①〜③の用法を持ちうるか、という視点から整理するのもよいだろう。

語彙

●豆腐、油揚げ……一丁《いっちょう》
●写真……一枚《いちまい》・一葉《いちよう》
●掛軸、絵画……一幅《いっぷく》
●壺《つぼ》……一口《いっこう》
●銃、ハサミ、鎌……一丁《いっちょう》
●鎧《よろい》……一領《いちりょう》
●羽織、袈裟《けさ》……一領《いちりょう》
●神、神体、位牌《いはい》……一柱《ひとはしら》
●仏壇、墓、灯台……一基《いっき》
●幕、テント、蚊帳《かや》……一張《ひとはり》

●タコ、イカ、カニ……一杯《いっぱい》
●巻物……一軸《ひとじく》
●印鑑、宝石……一顆《いっか》
●刀……一腰《ひとこし》・一振《ひとふり》
●大砲……一門《いちもん》
●甲冑《よろいかぶと》……一具《いちぐ》
●袴《はかま》……一腰《ひとこし》
●旗……一棹《ひとさお》・一旒《いちりゅう》
●トランジスタ……一石《いっせき》
●書棚……一架《いっか》

語種と文体

和語・漢語・外来語

日本語の語彙の特徴の一つとして、外国語の語彙をかなり取り入れている、という点が挙げられる。近年のカタカナ語、すなわち外来語の氾濫を見れば明らかであるが、カタカナ語を除けば、残りはすべて本来の日本語といえるかというと、そうではない。外来語を除いた日本語も、中国大陸から漢字とともに取り入れられた「漢語」と、それ以前からの本来の日本語「和語」とに区別されるのである。

●和語……日本固有の、本来の日本語。

●漢語……主に古代から中世にかけて、中国から漢字とともに入ってきた語。「和製漢語」*もある。

●外来語…室町時代以降、主に欧米諸言語から入った語。

外来語は見分けがつきやすいが、やや難しいのは和語と漢語の区別である。漢語は漢字表記になるが、和語も「あたま」を「頭」と書くように、漢字で表記できることが多い。そのような場

●混種語

語種の異なる語を組み合わせてできた語を「混種語」という。例えば、和語＋漢語で「手酌」、外来語＋漢語で「ビール瓶」、和語＋外来語で「生クリーム」など日本語の中には、混種語も数多く見られる。

＊和製漢語

漢語に関しては、より新しい時代に日本で生み出されたものも数多く見受けられる。例えば、「経済」「引力」などは中国語由来ではなく、明治時代に欧米諸言語を翻訳する際に、漢字および漢字が表す概念を利用して日本で生み出された語である。このような日本生まれの漢語を「和製

合、和語と漢語を区別する手掛かりになるのが音読み・訓読みの区別である。音読みであれば漢語、訓読みであれば和語であると考えてよい。このように、漢字の読みの音・訓は、語種を見分ける手掛かりにもなるので、きちんと身につけておきたい。

日常語と文章語

語にはそれぞれ、どのような環境・文体になじみやすいかという特性の差があり、特に書き言葉として使われることが多い語を、日常的な話し言葉である日常語に対して、「文章語」という場合がある。例えば、ほぼ同じ意味を表すものでも、「返す」は日常語、「返却する」は文章語といえる。文章語は、日常語に対して改まった感じのする表現であり、書き言葉に限らず、改まった場面での話し言葉としても用いられる。

前述の和語と漢語において、両者が類義関係にある場合、その多くは一方が日常語、もう一方が文章語に振り分けられることが多い。特に、和語のほうが日常語、漢語のほうが文章語である場合が多く見られる。例えば、和語「きょう（今日）」に対する漢語「本日」など。ただし、これも大きな傾向にすぎず、「きれい（綺麗）」（漢語）が日常語、「美しい」（和語）が文章語、というように逆の場合もある。

また、「かくして」「しかるに」など、やや古い言い方で、日常会話では使わないが、書き言葉としては使われる、というタイプの文章語もある。

漢語」という。

意味の誤解が多い言葉の例

※慣用句・故事成語については124ページからの一覧を参照。
※検定問題にはこの例以外からも出題される場合があります。

いさめる　目上の人に対して忠告すること。**解説** 基本的に目下の人が目上の人に対して意見する場合に使うので、「上司が部下をいさめる」とは言わない。このような場合、「上司が部下をたしなめる」などならば正しい。

確信犯　現在では、悪いことを承知で罪を犯した者、という意味で使われることが多いが、本来は思想や信念に基づき、自身の行為が正当であると信じてなされる犯罪のこと。

閑話休題《かんわきゅうだい》　横道にそれていた話を本筋に戻すときに使う言葉。「無駄話はこのくらいにして」という程度の意味。**解説** 話の本筋からそれるときに使うのは誤用である。

号泣　大声で泣くこと。泣き叫ぶ。**解説**「号」は「大声を出す」「叫ぶ」という意味であり、例えば、深い悲しみのために長い間泣きやまない、といった場合にも、大声で泣いているわけではないなら「号泣」とは言わない。

姑息《こそく》　その場しのぎでしかないこと。**解説** 近年、「卑怯」というような意味合いでの使い方が多いが、そのような意味は今のところ誤用とされる。「姑息な手段」は、その場しのぎの手段であって、卑怯な手段というわけではない。

こだわる　本来は、気にしなくてもいいことを気にするという、悪い意味。**解説** 最近は「原材料からこだわった逸品」のように、よい意味でも使われ始めたが、このような用法にはまだ不快感を感じる人も多いので注意。

さわり　曲や物語の中で、中心的な部分。**解説** 本来は浄瑠璃《じょうるり》での用語で、曲の聞かせどころを「さわり」と呼んだ。よって、「さわりだけ聞かせてくれ」と言った場合、「中心になるところだけを聞かせてくれ」という意味であるが、近年、この「さわり」を「曲や話の最初の部分」という意味に誤解している例が目立つので、注意が必要である。

潮時　物事を行うのにちょうどよい時期。**解説**「物事をやめるのにちょうどよい時期」「引き際」という意味で用いるのは誤用である。

世間ずれ　世の中でもまれたため、生きていくうえでのずる賢さを身につけていること。**解説** 感覚などが世間からずれている、という意味に勘違いされる場合があるので注意。

鳥肌が立つ　本来は寒さや恐怖を感じるさま。近年、「演奏のすばらしさに鳥肌が立った」のように感動した場合の表現としても用いられることもあるが、これはまだ広く認められた用法とはいえない。**類例** 同様の表現に「肌が粟立《あわだ》つ」があるが、これも恐怖や寒さの表現であり、感動の表現ではない。

煮詰まる　十分議論して結論が出る状態になること。【解説】「議論が煮詰まる」は十分議論が尽くされ、結論が見えてきた状態を表すのだが、近年、「行き詰まる、先に進まなくなる」といった意味に誤用されることがある。

はなむけ　別れる際の贈り物や言葉のことだが、別れるときに使うもので、ただのお祝いに使える言葉ではない。よって、「初優勝者にはなむけの言葉を贈る」などは誤用。

憮然《ぶぜん》　驚きや失望のために呆然《ぼうぜん》とする様子。【解説】近年、不満そうな態度や、腹を立てている様子を「憮然とした態度」と表現することが広まりつつあるが、本来の「憮然とした態度」は、がっかりしたり、呆然としたりしている様子である。

耳ざわり　近年、「耳ざわりのよい音楽」などという使い方が見られるが、これは誤用なので注意。「肌ざわり」などからの類推と見られるが、「肌ざわり」は「触り」であるのに対し、「耳ざわり」は「障り」であり、聞いて不快なことで、「この音楽は耳障りだから止めてくれ」などの用法が正しい。同様の「障り」には「目障り」がある。不快なことの「目障り」「耳障り」と、感触を表す「肌触り」「手触り」「舌触り」をきちんと区別しなければならない。

むかつく　本来は、吐き気がすること。【解説】近年では、吐き気などの身体的な不快感を伴わず、ただ不愉快な気持ちや腹を立てたことの表現として頻繁に用いられ、辞書によってはそのような用法も正しいものの一つとして掲げている場合もあるが、そのような用法には不快感を持つ人も多く、また俗語的なニュアンスも強いので、注意が必要である。

役不足　人の力量に対して、与えられた役目のほうが劣ること。「こんな簡単な仕事では、彼には役不足ではないのか」というのが正しい使い方。【解説】役に対して自分の力が足りない、と逆の意味に勘違いして、「私では役不足かもしれませんが、精いっぱい努力します」などの言い方が見られるが、これは誤用。

言い誤りを起こしやすい表現の例

愛想　「愛想を尽かす」などの形でよく使われる。注意すべきは「愛想を振りまく」という言い方で、これは「愛《あい》嬌《きょう》を振りまく」との混同による誤用。

あわただしい　せかせかして落ち着かない様子。【解説】「あわだたしい」と言ってしまわないように注意。

一段落　物事にいったん区切りがつくこと。【解説】近年「ひとだんらく」という読みが見受けられるが、本来は「いちだんらく」である。

うかされる　熱などのために意識がはっきりしなくなる。【用例】「熱にうかされる」【解説】「悪夢にうなされる」と混同され、「熱にうなされる」とする誤用が見られる。

汚名　悪評。不名誉なこと。解説 失敗や悪評の埋め合わせをする表現として、「汚名返上」があるが、「名誉挽回」と混同され、「汚名挽回」などという誤用が見られる。「挽回」は取り戻すことであり、「名誉挽回」なら失った名誉を取り戻すことになるが、「汚名挽回」では、わざわざ「汚名」を取り戻すことになってしまう。「汚名」は「返上」すべきものである。

風の便り　うわさのこと。「風のうわさ」という誤用が見られるが、「風の便り」全体で「うわさ」のことなので、これでは意味が通らない。

看破　見抜くこと。見破ること。解説「見過ごす」という意味の「看過」と混同しやすい。見過ごすことができない、という意味の「看過できない」を「看破できない」と誤用する例が見られる。

こきおろす　ひどく悪く言う。解説「こけおろす」というのは言い間違い。

語弊　言葉の使い方による弊害。言い方が適切でないために誤解を招くこと。解説「語弊がある」という形で使われることが多い。「誤解を招く」と混同して「語弊を招く」という誤用が見られる。

幸先《さいさき》　幸運が訪れる前兆。吉兆。解説「幸先がよい」のような言い方で使われる。近年、「幸先」は単に「縁起」のような意味だととらえられるようになった結果、「幸先が悪い」という言い方も見られるようになったが、本来は「幸先」自体が吉兆を意味する言葉なので、これは誤用である。

雪辱　恥をすすぐこと。以前負けた相手に勝つこと。解説「恨みを晴らす」と混同して「雪辱を晴らす」という誤用が見られるが、これでは意味が通らない。正しくは「雪辱を果たす」。

なおざり・おざなり　「なおざり」は放っておくこと。注意を向けないこと。用例「仕事をなおざりにする」。漢字では「等閑」。一方、「おざなり」は、その場限りのいいかげんな態度。用例「おざなりな返事」

念頭　心の中。解説 常に心がけることを表す「念頭に置く」という表現があるが、近年「念頭に入れる」という言い方が見られる。「頭に入れる」などは「入れる」で正しいが「念頭」の場合は本来「置く」である。

のべつまくなし　ひっきりなしに続く様子。解説「まくなし」は「幕無し」、「のべつ」は間を置かないで続く様子で、幕を引くことなしに芝居を続けることから。「のべつくまなし」「のべつまなし」など、言い誤りを起こしやすいので、「のべつ」＋「幕無し」であることをしっかり意識しておくこと。

文末表現と呼応するものの例

いわんや　「いわんや〜をや」という形で、「まして〜はなおさらだ」という意味を表す。漢字は「況や」。

けだし　思うに。漢字は「蓋し」。自分の考えが、妥当なものであるという思いを込める表現で、推量・推測を表す形式が続くのが基本。用例「けだし名言といえよう」

すべからく　下に「べし」などを伴い、「ぜひとも〜するべきだ」という意味を表す。解説「専門家の言うことがすべからく正しいとは限らない」のように、「すべて」といった意味で誤用されることがあるので注意。

まるで　①比喩表現と呼応。②打消と呼応。用例①「まるで夢のようだ」②「まるで通じない」

よしんば　逆接仮定。「〜ても」「〜にせよ」などを伴う。「仮に〜でも」「たとえ〜でも」。

よもや　まさか。下に打消推量の語を伴う。

推量と呼応するものの例

おそらく　「だろう」などと呼応。

きっと　「だろう」「ちがいない」などと呼応。

さぞ　「だろう」「ちがいない」などと呼応。こうにちがいないと推量を強調する。きっと。どんなに。解説「さぞや」「さぞかし」とも。用例「さぞ悔しかっただろう」

たぶん　「だろう」などと呼応。

どうやら　「らしい」「ようだ」などと呼応。

擬態語などの例

さめざめ　声を忍ばせて泣く様子。解説主に「さめざめと」の形。用例「さめざめと泣く」

粛々《しゅくしゅく》と　静かでおごそかな様子。用例「式が粛々と行われる」

すごすご　気落ちした様子。また、元気なくその場を離れる様子。用例「すごすごと引き下がる」

つくづく　深く考えたり、注意深く見たりする様子。

つらつら　あれこれ思いを巡らす様子。用例「つらつら思う」

滔々《とうとう》と　水が勢いよく流れ続ける様子。また、よどみなく語る様子。用例「滔々と流れる」「滔々と語る」

どぎまぎ　うろたえ、あわてる様子。解説「どぎまぎする」のような形が多い。

ぽつねん　寂しそうに独りでいる様子。解説「ぽつねんと」という形。「つくねん」とも。

まざまざ　目の前で認められるような、はっきりした様子。解説主に「まざまざと」の形。用例「まざまざと見せつける」「まざまざと思い出す」

特定の使い方が多いものの例

一縷《いちる》　ごくわずかなこと。解説「一縷の望み」という形で使われることが多い。

一札　一通の文書。解説「一札取る」で、証拠のために相手から書類などをもらうこと。相手に渡す場合は、「一札入れる」「一札取られる」

うがつ　穴をあける。物事の裏側を詮索する。解説漢字は「穿つ」。「うがった」という形で、物事の裏に隠された事情を探ろうとする態度を表す。用例「うがったものの見方」

快哉《かいさい》　痛快なこと。満足なこと。解説「快哉を叫ぶ」という形で使われる。

華燭《かしょく》　結婚式の席上のともしび。解説「華燭の典」という形で結婚式の美称として使われることが多い。「華燭の宴」という言い方も見られるが、正しくは「典」である。

貨殖　財産を増やすこと。解説「貨殖の才」という形で財産を増やす才能を表すことが多い。

忌憚《きたん》　遠慮すること。解説「忌憚のない意見」のように、「ない」とともに使われることが多い。

久闊《きゅうかつ》　長い間会わないこと。解説久しぶりに会った相手に挨拶することを意味する「久闊を叙する」という形でよく使われる。

薫陶　人を感化し、よい影響を与えること。解説影響を受けた側から見て、「薫陶を受ける」という形で使うことが多い。

沽券《こけん》　財産の売り渡し証文。転じて、値打ち。用例「沽券にかかわる」という言い方で、体面や品位に差し障りがあることを表すのに使われることが多い。

猖獗《しょうけつ》　好ましくないものの勢いが盛んなこと。用例「猖獗を極める」という形が多い。

掣肘《せいちゅう》　干渉すること。邪魔すること。用例「掣肘を加える」という形で使われる。

先鞭《せんべん》　人に先んじて物事を行うこと。用例「先鞭をつける」という言い方が多い。

遜色《そんしょく》　劣っている点。解説「遜色がない」のように「ない」とともに使われることが多い。

知遇　能力などを認められ、手厚くもてなされること。解説「知遇を得る」という言い方が多い。

掉尾《ちょうび》　物事の最後。「掉尾を飾る」という形で物事の最後を立派に締めくくることを表す。

得心　納得。用例じゅうぶん納得したことの表現として、「得心がいく」「得心する」という形が多い。

禿筆《とくひつ》　先の擦り切れた筆。解説下手な字を書く、という謙遜の表現として「禿筆を呵《か》す」という形で使われる。

寧日《ねいじつ》　心の休まる日。解説否定を伴い、毎日忙しいことの表現に使われることが多い。用例「寧日がない」

風采《ふうさい》　容姿や身なり。解説「風采が上がらない」という形で、人の外見がぱっとしないことを表すことが多い。

不興　しらけること。機嫌を損なうこと。解説自分の行為で相手の機嫌を損なうことの表現として、「不興を買う」という形で使われることが多い。

無聊《ぶりょう》　退屈なこと。解説 退屈を紛らわす意の「無聊を慰める」、退屈を嘆くの意の「無聊をかこつ」などの言い方が多い。

まんじり　少し眠るさま。解説「まんじりともせず」のように、打消を伴い、まったく眠らないことの表現に使われる。

悠揚　ゆったりとしているさま。解説「悠揚（として）迫らぬ」という形で、落ち着いた態度を表すことが多い。

余喘《よぜん》　死に際の苦しそうな息。解説「余喘を保つ」という形で、なんとかもちこたえていることの表現に使われることが多い。

その他の要注意語の例

【あ行】

贖う《あがなう》　罪を償う。

糾う《あざなう》　縄をなう。用例「禍福は糾える縄のごとし」

あたら　惜しいことに。残念な気持ちを表す言葉。用例「あたら好機を逸した」

あまつさえ　（好ましくないことに加え、）さらに。それればかりか。解説 漢字は「剰え」。

いぎたない　眠り込んで起きそうもない様子。解説「いぎたなく眠っている」のように、「いぎたなく」という形で使われることが多い。

いたいけ　小さくてかわいらしい。幼い様子。解説「いたいけない」という言い方でも意味は同じ。この「ない」は打消ではなく、接尾語。

いたたまれない　恥ずかしさや気の毒な気持ちのためにその場にいることが耐えがたい。漢字は「居た堪れない」。

一壺天《いっこてん》　一つの小さな世界。別天地。

いとけない　幼い。

一隻眼《いっせきがん》　他と異なった特別な見識。

いやが上にも　ますます。いっそう。解説「否が応でも」などと混同しないように。

否《いや》**が応でも**　意思にかかわらず。無理やりにも。解説「否《いや》も応もなく」も同様。

苟《いやしく》**も**　仮にも。

うたた　ますます。いっそう。解説 漢字は「転た」。思いがますます募る場合に使うことが多い。

うつつ　現実。解説 漢字は「現」。「うつつを抜かす」で、ある物事に心を奪われること。

うべなう　同意する。漢字は「諾う」。

【か行】

がえんずる　受け入れる。了承する。解説 漢字は「肯んずる」。「がえんぜず」という打消の形で使うことのほうが多い。

かねがね　以前から。用例「一度見てみたいとかねがね思っていた」

かまびすしい　うるさい。やかましい。解説 似たような意味として、「かしましい」。

かりそめ　一時。その場限り。

頑是《がんぜ》ない　聞き分けのない、無邪気な。

きな臭い　物騒なことが起こりそうな様子。また、疑わしく怪しい様子。

口さがない　口うるさい。

暮れなずむ　日が暮れそうでなかなか暮れない状態。

けれんみ　はったり。ごまかし。解説 多くは「けれんみがない」のように打ち消され、褒め言葉になる。

【さ行】

さしずめ　結局。要するに。また、当面。

しかつめらしい　堅苦しい、まじめそうな様子。

しがない　つまらない。取るに足りない。

しどけない　身なりなどが乱れていてだらしない。

如才《じょさい》ない　気が利く。愛想がよい。

【た行】

つたない　下手だ。解説 漢字は「拙い」。

つつがない　変わったこともなく、無事であること。解説 漢字は「恙無い」。

夙《つと》に　早くから。

つぶさ　細かい。詳しい。

つまびらか　細かいところまではっきりしている様子。

つれない　冷淡。思いやりがない。こちらの思いのままにならない。

体《てい》たらく　ありさま。解説 マイナスの語感を伴い、情けない様子を言うことが多い。用例「初戦から十連敗という体たらく」

頓《とみ》に　急に。

【な〜や行】

なさぬ仲　養父母と養子などのように、血のつながっていない親子関係。

にべもない　愛想がない。そっけない。解説 返事や断り方の形容によく使われる。用例「にべもない返事」

ひねもす　一日じゅう。

札つき　定評があること。解説 悪い意味で使うのが一般的。用例「札つきの悪党」

不束《ふつつか》　未熟で礼儀や気配りが行き届かないこと。用例「不束な娘」のように、身内を指して使うことが多い。

またぞろ　またしても。解説 よくないことが続く場合に使う。
やおら　そっと。
やにわに　いきなり。突然。
ややもすると　どうかすると。ちょっとでも間違うと。解説「ややもすれば」とも。放っておくと物事がそうなりがちな様子を表す。
よんどころない　やむをえない。

主な漢字熟語の例

【あ行】
隘路《あいろ》　狭い道。難関。
軋轢《あつれき》　仲がうまくいかないこと。不和。
衣鉢《いはつ》　その道の奥義。
迂遠《うえん》　回りくどいさま。
迂回《うかい》　回り道をすること。
嚥下《えんげ》　飲み下すこと。
怨嗟《えんさ》　恨み嘆くこと。
鷹揚《おうよう》　余裕がある様子。ゆったりとした態度。

【か行】
悔悟《かいご》　後悔すること。
邂逅《かいこう》　思いがけず出会うこと。
晦渋《かいじゅう》　言葉や文章が難しく、分かりにくいこと。
角逐《かくちく》　競い合うこと。
喝破《かっぱ》　しかりつけること。真理を言い切ること。
官衙《かんが》　役所。
諫言《かんげん》　目上の人に対する忠告。
喊声《かんせい》　突撃するときの叫び声。鬨《とき》の声。類例 鯨波《げいは》
屹立《きつりつ》　そびえ立つこと。
矜持《きょうじ》　自信と誇り。
狭量《きょうりょう》　心が狭いこと。
禁裏《きんり》　宮中。
愚昧《ぐまい》　愚かで道理を解さないこと。
圭角《けいかく》　言動などにかどがあること。
稀有《けう》　めったにないこと。
懸隔《けんかく》　かけ離れていること。
嚆矢《こうし》　はじめ。最初。
巷説《こうせつ》　世間でのうわさ。
拘泥《こうでい》　こだわること。
忽然《こつぜん》　にわかに。突然。
固陋《ころう》　頑固なさま。

【さ行】
猜疑《さいぎ》　疑うこと。
颯然《さつぜん》　風がさっと吹く様子。
雑駁《ざっぱく》　まとまりのない様子。
蹉跌《さてつ》　失敗。挫折。
左党《さとう》　酒好きな人。解説 酒が飲めず、甘いもの好きな人が「右党」。
讒言《ざんげん》　他人をおとしいれるための、事実でない告げ口。
暫時《ざんじ》　しばらくの間。
忸怩《じくじ》　内心恥ずかしく思う様子。解説「忸怩たる」という形が多い。
悉皆《しっかい》　全部。残らず。
桎梏《しっこく》　自由を奪うもの。束縛。
洒脱《しゃだつ》　さっぱりしていてあかぬけてい

ること。用例 四字熟語「軽妙洒脱」

驟雨《しゅうう》 にわか雨。夕立。

周旋《しゅうせん》 仲立ち。斡旋。

須臾《しゅゆ》 ほんの短い間。しばし。

逡巡《しゅんじゅん》 ためらうこと。

潤沢《じゅんたく》 豊富にあること。

馴致《じゅんち》 慣れさせること。

捷径《しょうけい》 近道。

上梓《じょうし》 書物を出版すること。

憔悴《しょうすい》 病気や心労でやつれること。

焦眉《しょうび》 事態がさしせまっていること。

従容《しょうよう》 落ち着いた態度。

称揚《しょうよう》 ほめたたえること。

塵芥《じんかい》 ごみ。無価値なもの。

呻吟《しんぎん》 うめくこと。

真摯《しんし》 まじめなこと。ひたむきなこと。

斟酌《しんしゃく》 事情や心情をくみとること。

進捗《しんちょく》 物事が進みはかどること。

辛辣《しんらつ》 言い方などが非常に厳しいこと。

趨勢《すうせい》 成り行き。

脆弱《ぜいじゃく》 もろくて弱いこと。

碩学《せきがく》 学問が広く深いこと。

寂寞《せきばく》 もの寂しいさま。

刹那《せつな》 きわめて短い一瞬。

僭越《せんえつ》 さしでがましいこと。

漸次《ぜんじ》 だんだんと。しだいに。

羨望《せんぼう》 うらやましがること。

齟齬《そご》 くいちがい。

粗忽《そこつ》 軽はずみなこと。

咀嚼《そしゃく》 食物をよくかみ砕くこと。また、物事をよく考え、十分理解すること。

忖度《そんたく》 人の気持ちを推し量ること。

【た行】

端緒《たんしょ》 物事のきっかけ。手がかり。

耽溺《たんでき》 夢中になること。

知己《ちき》 自分をよく知っている人。

逐次《ちくじ》 次々。順を追って。

逐電《ちくでん》 逃げて姿をくらますこと。

蟄居《ちっきょ》 家の中にこもること。

凋落《ちょうらく》 落ちぶれること。

顛末《てんまつ》 物事の始めから終わりまでの経緯。

恫喝《どうかつ》 おどすこと。

陶冶《とうや》 才能などを育て上げること。

逗留《とうりゅう》 しばらくとどまること。滞在。

訥弁《とつべん》 話が下手なこと。解説「能弁」の反対。

【な行】

如実《にょじつ》 実際のまま。解説「如実に」という形が多い。

捏造《ねつぞう》 でっちあげ。

能書《のうしょ》 字が上手なこと。

【は行】

播種《はしゅ》 種をまくこと。

反駁《はんばく》 反論。

頒布《はんぷ》 広く配ること。

庇護《ひご》 かばい守ること。

畢竟《ひっきょう》 結局。

瀰漫《びまん》 風潮などが蔓延すること。

謬見《びゅうけん》 誤った見解。

披瀝《ひれき》 考えを打ち明けること。

尾籠《びろう》 きたないこと。

吹聴《ふいちょう》 言いふらすこと。

風靡《ふうび》　多くの者を従わせること。
敷衍《ふえん》　推し広げること。
不遜《ふそん》　思い上がっていること。
辟易《へきえき》　うんざりすること。
劈頭《へきとう》　物事の最初。
碧落《へきらく》　青空。大空。
僻論《へきろん》　間違った考えや偏った議論。
瞥見《べっけん》　ちらっと見ること。
偏倚《へんい》　偏り。
偏頗《へんぱ》　考えが偏っていて不公平なこと。
解説　「偏頗な考え」のように、形容動詞として使われる。
咆哮《ほうこう》　吠えること。
彷徨《ほうこう》　さまようこと。
幇助《ほうじょ》　手助けすること。
放埒《ほうらつ》　好き放題にふるまうこと。
朴訥《ぼくとつ》　飾り気がなく素朴な様子。

【ま～ら行】

妙諦《みょうてい》　真理。本質。
馬手《めて》　馬の手綱を引くほうの手、すなわち右手。**解説** これに対し左手は、弓を持つほう、ということから「弓《ゆん》手《で》」。
揶揄《やゆ》　からかうこと。
夭折《ようせつ》　若くして死ぬこと。
埒外《らちがい》　範囲外。
罹災《りさい》　被災。
陵駕《りょうが》　他を上回ること。
領袖《りょうしゅう》　集団の長。
吝嗇《りんしょく》　けち。
黎明《れいめい》　夜明け。また、比喩的に、ある時代の初期。
老獪《ろうかい》　経験を積んで悪賢いこと。
籠絡《ろうらく》　うまく言いくるめて思いどおりにすること。

検定問題・1級

聞き慣れた言葉でもうっかり間違って使うことがあります。**一**〜**五**の文では、――部分に間違いがありますが、一字だけ直せば正しい言い方となります。その一字を訂正してください。ただし、間違っている一字は平仮名・漢字のどちらの場合もあります。

一 高熱を発した我が子を案じ、母は夜の身も寝ないで付き添った。

二 選挙公約をあっさり反故にしておいて天として恥じない某議員の態度に、世論の批判が集中した。

三 絶対の秘密ということは信じられない。人の口に門は立てられないからだ。

四 その薬が効果を現してきたのか、薄皮を剝ぐように、妻の病状は回復していった。

五 かつて無敵を誇った大横綱も平幕力士に一回地にまみれ、それが引退を決意するきっかけとなった。

解答

一…身⇩目　**二**…天⇩恬　**三**…門⇩戸　**四**…皮⇩紙　**五**…回⇩敗

解説

一 夜寝る間も惜しんで、という意味で「夜の目も寝ないで」と言う。

二 恥を恥とも思わず、平然としている様子を「恬として」と表現し、多く「恬として恥じない」の形で使われる。「恬」は、あっさりしている様子の意。

三 うわさや風評はすぐに世間に広まるもので、それを防ぐ手立てはないということのたとえで、「人の口に戸は立てられない」と言う。

四 病気が少しずつ回復していく様子をたとえて、「薄紙を剝ぐ」（「薄紙を剝がす」）と言う。

「薄皮」は、肌がきめこまかくて色の白い女性の形容で、「薄皮のむけた」という言い方がある。

五 負けて立ち直れないほどの打撃を受けることを、「一敗地にまみれる」と言う。

検定問題・2級

一～四の（　）に入る言葉として最も適切なものを①～⑥から選んで、番号で答えてください。

一 総理の施政方針演説に対して、某野党の党首は（　）する価値もないと切り捨てた。

二 私のような（　）の勤め人には、自家用ジェット機を買うなど夢のまた夢だ。

三 彼の犯した罪の重さに鑑みれば、無期懲役と聞いても（　）の同情も持ち得ない。

四 同市の財政は危機的状況にあり、行財政改革に向けて（　）の猶予も許されないはずだ。

［①一顧　②一旦　③一服　④一片　⑤一介　⑥一刻］

解答 一…①　二…⑤　三…④　四…⑥

解説 **一** ①「一顧」が適切。無視してもよい事柄かどうか、少し考えてみること。前に言い表した事柄を全面的に否定する場合に、「一顧する価値もない」「一顧だにしない」などと用いられる。

二 ⑤「一介」が適切。取るに足らない一人の人間の意。問題文のように自分自身について用いる場合、自らを卑下するニュアンスが強く出る。

三 ④「一片」が適切。「一片の～」の形で「反省」や「良心」「同情」など心情を表す抽象的な意味の名詞と結び付き、さらに否定の「ない」を続けて、そのような心情がまったく現れていないことを表すのに用いられることが多い。

四 ⑥「一刻」が適切。きわめてわずかな時間のこと。「一刻を争う事態」「一刻の猶予も許されない」などと用い、時間的に切迫した状況であることを表す。

●言葉の意味

「言葉の意味」とは

前章「語彙」でも述べたとおり、「語彙」と「言葉の意味」は密接な関係にある。「語彙」が語彙の豊富さという「量」を問う領域であるのに対し、「言葉の意味」は、その正しい意味、正確な使用という、いわば「質」を問う領域である。また、慣用句などを例にとれば、「語彙」では、その慣用句を成立させる語の構成という、いわば「形」を、「言葉の意味」ではその慣用句の正しい意味など、いわば「内容」を問うことになる。

このように、「語彙」と「言葉の意味」は、表裏一体の関係にあるので、言葉の意味を正しく理解したうえで、自身の知っている言葉を増やすというのはすなわち語彙力の増強にもなる。

本章では、似た言葉が複数ある場合の意味の区別や、一つの言葉の意味を詳しく見分ける視点など、言葉について、意味に焦点を当てて注意点を述べる。もちろん、「語彙」同様、注意点を把握したうえで、何より大切なのは、その先の、実際の経験の積み重ねである。

本章の後半、124ページからは、ことわざ・慣用句、四字熟語、故事成語を中心とした一覧を掲げる。それ以外の言葉については、前章「語彙」の一覧が、「言葉の意味」という観点からも利用できるので、併用してほしい。知らない言葉の意味を新たに知っていくのはもちろんだが、知っている言葉についても、実は意味を勘違いしていたり、気づかないうちに誤用が身についてしまっているものもありうるので、その点からも注意が必要である。一覧の解説以下には、簡単な用例や注意点などに加え、誤用例や勘違いされやすい間違った意味も記してあるので、参考にしてほしい。

似た言葉の区別

類義語の区別

類義関係にある類義語の中には、それらの意味が「似ている」ことを前提としたうえで、どこが違うのかという「違い」も意識して使い分けなければならないものも多い。

「集約」[*]と「統括」を例に考えてみよう。この二つは、おおまかな意味をとらえるならば「まとめること」であり、その点で類義関係にあるといえる。しかし、細部においては意味の相違があり、その違いが、実際の使われ方の違いとなって現れる。

例えば、「意見」をまとめることを表す場合には「集約する」、「組織」をまとめる場合には「統括する」が選ばれ、逆は不自然である。これは、「集約」と「統括」との間に、意味の違いが存在するからである。「集約」は、まとめることのうち、「主に発言や意見などをまとめること」、「統括」は「事務や組織を一つにまとめること」をそれぞれ表し分けている。

このように、類義語に関しては、どの点で細かい意味が異なり、それぞれがどのように使い分けられるのかをきちんと把握しておかなければならない。

また、これら類義語の意味の違いや使い分けは、辞書の抽象的な意味記述だけでは分からないようなものもあるので、ふだんから本や新聞に接して、実際の用法に触れながら、経験的に身につけていくことが大切である。

＊「集約」と「統括」ともに「まとめる」というような意味である点において、類義関係にあるといえるが、と同時に、「統括する」は、「集約する」に「まとめる」を上位語とする上下関係にあると見ることもできる。このように、類義語間の意味の共通性を取り出すと上位語となり、類義語はその上位語に対する下位語の集合としてとらえ直される、という関係もよく見られる。この点からしても、前章で扱った「語と語の関係」という観点は、語彙の整理にあたって重要なのである。

形の上での類似性を持つ言葉の区別

以上は、意味の上での類似性を持った言葉の区別だが、以下では、形の上で似ている（あるいは同じ）言葉の区別について扱うことにする。

表記上の類似性

意味とは別に、形の上で似ている語がある。一つは、漢字などで書いたときの形が似ているというもので、「持つ（もつ）」と「待つ（まつ）」、「解説（かいせつ）」と「解脱（げだつ）」などである。これは、注意すればすぐに気づくはずなので、見間違えないように気をつければよい。もう一つは、主に漢字熟語などにおいて、同じ漢字が用いられているもの、例えば「代行」と「代置」などである。「代行」は人に代わってその役割をすること、「代置」はあるものの代わりとして置くこと、というように両者はもちろん意味が異なる。ただ一方では、このように共通の漢字を含む熟語どうしには、意味的な共通性も認められる。漢字自身が特定の意味を持っている以上、同じ漢字が使われているのであれば、そのぶん同じ意味を含んでいることが一般的であり、「代行」「代置」は「代」という漢字をともに含むことから、ともに「代わりに」という意味を含んでいる。このように、同じ漢字を含む熟語は、意味的にも共通性を持っていることが多いので、同じ漢字を含む熟語を集めて、意味の違いとともに共通性を考えてみることは、言葉の意味に関する感覚を磨くことに役立つはずである。

●言葉の使い分け

辞書の抽象的な意味記述だけでは分からないものも多い。例えば、「国家の防衛」「正当防衛」「タイトル防衛」などの「防衛」と、「鉄壁の防御」「ウイルス感染防御」などの「防御」は、確かに使い分けられており、交換は不可能である。しかし、辞書の意味記述ではともに、「防ぎ守ること」などと書いてあることが多い。そこで、このような使い分けを身につけるには、辞書だけに頼るのでは不十分であり、日頃から文中での使われ方にどのようなものがあるかに注意し、感覚を磨いておくことが必要である。

音の上での共通性——同音異義語

漢字熟語においては、読み方、すなわち音という「形」が共通のものがある。例えば、「意外」と「以外」などである。このように、漢字の読みが同じでも意味が異なるものを「同音異義語」という。同音異義語に関する間違いで、最も起こりやすいのは漢字の書き誤りである。その点からは、同音異義語は「漢字」の問題ともいえるので、「言葉の意味」としてだけでなく、正しい漢字の書き方としても注意しておく必要がある。

また、近年では手書きとは別にパソコンなどの電子機器を用いて文書を作成する機会も多く、その際に、同音異義語は変換ミスをしたまま見落としてしまう、ということも多いので、そのような場面でも注意が必要である。

例題 次の（　）に入る言葉として適切なものを①~③の中から選んでください。

一　背筋を伸ばし（　）と街を歩く姿。

二　山登りをして、久しぶりに（　）な気分になった。

［①爽快　②颯爽　③全快］

解答 一…②　二…①

●紛らわしい同音異義語

同音異義語には、単に読みが同じというだけでなく、意味や漢字の字形まで似ていて紛らわしいものもある。例えば、「じゅしょう」には、「受賞」「授賞」「受章」「授章」の四つがあり、混乱しやすい。まず「受・授」については、「受」は受ける側、「授」は授ける側なので、もらうときの「じゅしょう」は「受」、「じゅしょう式」のように与える側に視点があるときは「授」と使い分ける。また、「賞・章」については、「賞」は一般的な賞で、「章」は勲章の場合である。

言葉の多義性

言葉の意味は、詳しく見ると、その意味を何種類かに分けることができる場合がある。例えば、「聞く」という動詞は、「物音を聞く」という場合には「耳で知覚すること」、「道を聞く」という場合には「尋ねること」、「知らせを聞く」という場合には「人から情報を得ること」というように、いくつかの意味に詳しく分けることができる。このように、一つの言葉が、いくつかに分けられる意味を持っていることを「多義性」という。特に、日常的によく使う言葉は、たいてい多義性を持っていると考えてよい。

また、基本的な言葉の意味は、その違いに応じて、より詳しい意味を表す言葉に言い換えられる場合もある。次の例の「話す」について見てみよう。

① 企画の概要を話す。
② 明日は休ませてくださいと話す。
③ 午後の会議は中止になったと話す。

これらの例における「話す」は、①では「説明する」、②では「願い出る」、③では「報告する」などに言い換えることができる。

このように、「どのような言葉で言い換えられるか」など、語と語の関係を意識しつつ言葉の意味を考えることは、言葉の多義性に関する感覚を磨くうえでも非常に有効であるので、日頃からこのようなことを考える習慣をつけておこう。

● 「話す」の多義性と、語と語の関係

上記のように、基本的な語を上位語とし、その意味を表し分ける語がいくつか下位語として存在する、という語彙体系をなしている場合も多い。ここでの「説明する」「報告する」「願い出る」などは、類義語の集合であるともいえる。前述の「類義語の区別」では、類義語の集合を出発点とし、それらの意味の共通性をもとにその上位語を考える、という考え方を示したが、ここでの考え方はちょうどその逆で、多義性を持つ言葉を出発点として、それを上位語とする下位語の集合（下位語どうしは類義関係になる）を考える、とい

例題 次の一～三の「取る」に最も近いものを、①～③の中からそれぞれ選んでください。

一 所有者に許可を取って特別に使わせてもらうことになった。

二 サラダはそれぞれ小皿に取って食べてください。

三 僕は数学の講義は取っていない。

［①受講する　②分ける　③もらう］

解答 一…③　二…②　三…①

ことわざ・慣用句・故事成語・四字熟語

最後に、ことわざ・慣用句・故事成語・四字熟語に関して、注意点を述べる。

これらの表現は、前章の慣用句の項でも少し触れたように、複数の語の特定の結び付きをひとまとまりとして覚え、それが表す意味もきちんと知っておかなければならない。正しい結び付きを知っているかという観点は、主に「語彙」の問題であるが、「言葉の意味」としては、特にこれらの意味を正確に知っているか、正しく使えるかが重要なポイントとなる。

また、近年では、本来の意味とは違う、誤解された用法が広まってしまっている場合も多いので、知っている言葉についても、正しい意味を知っているか確認しておきたい。誤用に注意すべきものは、次ページからの一覧にも記してあるので、確認しておこう。また、特に四字熟語については、漢字を書き間違いやすいので、意味だけでなく漢字の問題としても注意が必要である。

うものである。

●ことわざと慣用句の違い

ことわざと慣用句の違いについては、完全な線引きができるものではないので、厳密な区別で悩む必要はない。ことわざは慣用句に比して教訓的であり、文そのものになっている場合が多いなど、ある程度の傾向を挙げることはできるが、絶対ではない。また、故事成語についても、四字熟語・ことわざ・慣用句それぞれに故事に由来するものがあるので、ことわざであると同時に故事成語でもある、といったパターンもある。

※それぞれの読み方・意味は、標準的なものを記しています。

ことわざ・慣用句の例

【体の部分についての表現例】

顎《あご》が干上がる　生計が立たなくなり、食べるものに困る。

足をすくう　隙《すき》をねらい失敗させる。解説 隙を突かれて失敗することは「足をすくわれる」。近年、「足もとをすくわれる」という言い方も見られるが、本来は「足をすくわれる」である。

頭の黒い鼠《ねずみ》　頭髪の黒い人間を、鼠に見立てて、物がなくなったときに、身近な人間の仕業だろうということを暗に言う言葉。

踵《きびす》を返す　「踵」はかかとのこと。後戻りする。引き返す。

口を拭《ぬぐ》う　盗み食いをしたのを隠しぐさから、悪いことをしていながら、そ知らぬふりをする。

嘴《くちばし》を容《い》れる　横から口出しすること。解説「容喙《ようかい》する」という言い方も。

舌も引かぬうち　言った直後。類例「舌の根も乾かぬうち」解説 前言の直後にそれと矛盾する発言をしたことを非難する場合などに用いられる。

掌中の珠《たま》　非常に大切なもの。解説 妻や子どもを指すことが多い。

尻《しり》が暖まる　同じ場所に長時間落ち着いている。解説 逆に、同じ場所に落ち着かないことを「尻が据《す》わらない」という。

尻が長い　長居する。解説 他人の家に長居するような性質を「長尻《ながじり》」と言う。

爪に火をともす　非常にけちなこと。また、極端に倹約すること。

手を袖《そで》にする　何もしようとしない。解説「袖手《しゅうしゅ》」という言い方も。

濡《ぬ》れ手で（に）粟《あわ》　骨を折らずに多くの利益を得ること。やすやすと金もうけをすること。濡れ手に粟とも。

歯の根が合わない　寒さや恐怖のために震えて歯ががちがち鳴る。

肺肝を砕（摧）《くだ》く　心を尽くして考える。非常に苦心する。

肺腑《はいふ》を衝《つ》く　深い感銘を与える。

鼻を鳴らす　甘える。

眦《まなじり》を決する　大きく目を見開くことから、怒りや決意の表情。解説「眦を裂く」とも。

眉《まゆ》を開く　心配がなくなって安心する。解説「愁眉《しゅうび》を開く」という言い方もある。

眉毛《まゆげ》を読まれる　自分の本心を見抜かれる。

【動物についての表現例】

鵜《う》の真似《まね》をする烏《からす》　烏が鵜の真似をして水に入ると溺《おぼ》れることから、自分の能力を考えずに人真似をして失敗すること。類例「鯉《こい》が躍れば泥鰌《どじょう》も躍る」

兎《うさぎ》を見て鷹《たか》を放つ　①手遅れだと思っても、あきらめずに対策を講じたほうがよい。②事が起こってからあわてて対策を考えるような、遅い対応。

類例 ②の意味に近い表現としては、「泥棒を捕らえて縄をなう（泥縄）」「難に臨んで兵を鋳る」「渇に臨みて井を穿《うが》つ」など。

百貫の鷹《たか》も放さねば知れず　高価な鷹も、実際に狩りに使ってみないと真価は分からないことから、実際に使ってみないと物の真価は分からないこと。

類例 実際やってみなければ分からない、という点で似たような表現に「馬には乗ってみよ人には添うてみよ」がある。

牛は牛連れ馬は馬連れ　似た者どうしは自然に集まる。類例「類は友を呼ぶ」「同類相求む」

角を矯《た》めて牛を殺す　小さな欠点を直そうとして、全体をだめにしてしまうこと。解説 牛の角の形を変えようとして、牛を殺してしまうことから。

馬の背を分ける　夕立などがごく狭い範囲で、降っているところと降らないところに分かれること。

老いたる馬は道を忘れず　経験を積んだ者は、行うべき道を誤らないことのたとえ。

犬馬の労　君主や目上の人、または他人のために全力を尽くすこと。解説 犬や馬程度の働き、と謙遜する表現。

騎虎《きこ》の勢い　虎に乗って走り出すと、途中で降りれば食われてしまうので、行きつく所まで走るにまかせざるを得ない。そこから、行きがかり上やめられなくなった激しい勢いや成り行きまかせのことをいう。

虎に翼　強いものの上にさらに強いものが加わること。類例「鬼に金棒」

虎口を脱する　虎の口のようなきわめて危険な場所や状態からなんとか逃れること。

虎口を逃れて竜穴に入《い》る　一つの災難を逃れたと思ったら、すぐさま次の災難に遭うこと。類例「前門に虎を防ぎ後門に狼《おおかみ》を進む」「前門の虎、後門の狼」「一難去ってまた一難」

鼠《ねずみ》に引かれそう　家に一人だけでいる様子。

ふさぎの虫　気分が晴れないことを、気分をふさぎこませる虫がいると考えた表現。用例「ふさぎの虫に取りつかれる」

【その他の主なことわざの例】

雨垂れ石を穿《うが》つ　小さな努力でも根気よく続けてやれば、最後には成功する。解説「点滴石を穿つ」とも。類例「一念天に通ず」「蟻《あり》の思いも天に昇る」

一念天に通ず　物事を成し遂げようとする強い信念があれば、その心は天に通じ、必ず成就するということ。

一葉《いちよう》落ちて天下の秋を知る　小さな前触れを見て、大勢を察知する。

縁は異なもの味なもの　男女の結び付きはとても不思議でおもしろいもので、

理屈では説明できないということ。
解説 「縁は異なもの」という場合もある。「合縁奇縁《あいえんきえん》」という四字熟語も。

大男総身に知恵が回りかね　体が大きいだけで役立たずなものをあざけった言い方。類例 「独活《うど》の大木」「脛脛《すねはぎ》の伸びた奴《やつ》」

沖な物当て　沖にあるものを当てにすることから、手に入ってもいないものを当てにすること。類例 「とらぬ狸《たぬき》の皮算用」「穴の貉《むじな》を値段する」「飛ぶ鳥の献立」など。

火中の栗《くり》を拾う　他人の利益のために危険を冒すこと。解説 他人のための行動であり、ただ危険を冒すこと全般を言うのではないので注意。

河童《かっぱ》に水練　自分よりよく知っている人に物事を教える愚かさのたとえ。
類例 「釈迦《しゃか》に説法」「孔子に悟道」

枯れ木も山のにぎわい　つまらないものでも、何もないよりはましなこと。
解説 枯れ木でも、ないよりはあったほうが山がにぎやかになる、ということから。自分を謙遜して言う言い方。
用例 「私など何の役にも立ちませんが、枯れ木も山のにぎわいでやってまいりました」

子は三界《さんがい》の首枷《くびかせ》　子を思う心のために、親は一生自由を束縛されること。
類例 「子は浮世のほだし」解説 単に子どもが邪魔なのではなく、愛情ゆえに自身の自由がなくなるのである。

策士策に溺れる　策略のうまい者は自分の策に頼りすぎて、かえって失敗するものだということ。

舎《しゃ》を道傍《どうぼう》に作れば三年にして成らず　道端に家を建てる際、通行人の意見をいちいち聞いていたら三年たっても完成しない、ということから、指図する人が多すぎるために、決まるものも決まらないこと。類例 「船頭多くして船山に登る」

上手《じょうず》の手から水が漏る　上手な人でも時には失敗することがある。類例 「弘法にも筆の誤り」「釈迦にも経の読み違い」「河童の川流れ」「騏驎《きりん》の躓《つまず》き」など。

人間《じんかん》到る処《ところ》青山《せいざん》あり　「青山」は墓地のこと。どこで死のうと墓にする場所くらいはあるのだから、故郷を出て大いに活躍すべきだ。解説 「人間」は「じんかん」とも読み、人の住む世界のこと。

前車の轍《てつ》を踏む　前の人と同じ失敗を、繰り返すこと。解説 「前轍を踏む」とも。「前者」などと書かないように注意。

俎上《そじょう》の魚《うお》　されるがままになるよりほかにどうしようもない状態。類例 「まな板の鯉」「刀俎《とうそ》魚肉」

大山鳴動して鼠一匹　前触れの騒ぎが大きいわりに、結果が小さいこと。

大木は風に折られる　地位の高い人は、他人から批判を受けやすいことのたとえ。

畳の上の水練　畳の上で水泳の練習をするように、方法や理屈は知っているが、実地の練習をしないため、実際の役に立たないこと。

立て板に水　すらすらと話すこと。**解説**「立て板に水を流すよう」とも言う。**類例**「懸《けん》河《が》の弁を振るう」。逆に、つっかえながらなんとか話すことを、「横板に雨垂れ」という。

月に叢雲《むらくも》花に風　よい状態はとかく長続きしない。よいことには邪魔が入りやすい。**類例**「好事魔多し」

月夜に釜《かま》を抜かれる　明るい月夜に釜を盗まれることから、ひどく油断していること。

豆腐に鎹《かすがい》　いくら意見を言っても、少しも効き目がないこと。**類例**「糠《ぬか》に釘《くぎ》」

情けは人の為《ため》ならず　人に親切にしておけば、それがめぐって自分によい報いが返る。**解説**「情けをかけても人のためにならない」という意味に誤解されることが多いので注意。情けは「人のため」ではなく、「自分のため」になるのだ、というのが本来の意味。

鉈《なた》を貸して山を伐《き》られる　相手に鉈を貸してやったばかりに、自分の山の木をすべて伐られてしまう、ということから、親切が仇《あだ》になること。**類例**「庇《ひさし》（軒）を貸して母屋《おもや》を取られる」

掃《は》き溜《だ》めに鶴《つる》　むさくるしい場所に似つかわしくない、美しいものや優れたものが現れること。

花も折らず実も取らず　二つを得ようとした結果、両方とも得られないこと。**類例**「二兎《にと》を追う者は一兎をも得ず」「虻蜂《あぶはち》取らず」。逆に、一度に二つのものを得る場合を「一石二鳥」「一挙両得」と言う。

人の牛蒡《ごぼう》で法事をする　他人の物を使って自分の利益になるようなことをする。**類例**「人の褌《ふんどし》で相撲を取る」

待てば甘露の日和あり　根気よく待っていれば、そのうちよいことがある。**解説**同じ意味の「待てば海路の日和あり」は、これをもとにした言い方で、「海路」は本来「甘露」であった。

焼けぼっくいに火がつく　一度縁が切れた男女関係がまた元に戻ること。**解説**「ぼっくい」は「木杭」で、燃えかけの杭《くい》は一度火が消えても、火がつきやすいことから。**類例**似た表現に、「元の鞘《さや》に収まる」「よりを戻す」がある。

【その他の慣用句例】

油紙に火がついたよう　勢いよくしゃべる様子。

石の上にも三年　辛抱していれば、やがては成功するものだ。忍耐力が大切なことのたとえ。

一を聞いて十を知る　物事の一端を聞いただけで全体を理解するという意味で、非常に賢く理解力があることのたとえ。

お先棒を担《かつ》ぐ　軽々しく人の手先になって、よくないことの手伝いをすること。

嵩《かさ》にかかる　勢いに乗る。

金に飽かす　目的のために金を惜しまずにつぎ込む。

気が置けない　気を使う必要がなく、

気楽に付き合える。解説「油断できない」などという意味で使うのは誤りなので注意。「気が置ける」で「遠慮してしまう」という意味なので、それを打ち消した「気が置けない」は遠慮がいらない、という意味になる。

驥足《きそく》を展《の》ばす　「驥」は駿馬《しゅんめ》。才能を存分に発揮すること。

気脈を通じる　ひそかに連絡を取り合って、気持ちを通わせる。

錦上花《きんじょうはな》を添える　立派なものに、さらに立派なものを加える。解説「錦上に花を敷く」とも言う。

草木も眠る丑三《うし》つ時　人や動物だけでなく、草や木までも眠り込んでしまったのではないかと思われるほど静かな真夜中のこと。

苦肉の策　自分を犠牲にして、事情が許せばやりたくもないが、しかたなく行う、苦しまぎれの計略のこと。

国破れて山河あり　杜甫の詩『春望』の一節で、戦乱で国が崩壊しても、自然の美しい風物は変わらずに存在しているということ。

謦咳《けいがい》に接する　尊敬する人に直接会う。解説「謦咳」は咳払《せきばら》いのこと。「謦咳に触れる」とも言う。

檄《げき》を飛ばす　「檄」は人々に行動を促す文書で、本来の意味は、文字どおり文書を通じて人々に行動を促すこと。解説「（直接声をかけたりして）積極的な行動を取るよう呼びかける」という意味に用いられることもあるが、これは本来の用法ではなく、現状では誤用とされる場合もあるので注意が必要。

糊口《ここう》をしのぐ　粥《かゆ》をすする、という意味から、何とか生計を立てる。解説「口を糊《のり》する」とも。

骨肉相食《あいは》む　肉親どうしが争い合う。

逆振《さかね》じを食わせる　抗議や非難に対し、反論する。やり返す。

秋《しゅう》波《は》を送る　女性が色目を使って男性の気を引く。

寸暇を惜しむ　わずかな時間も無駄にしないこと。解説「寸暇を惜しまず」という誤用が見られるが、「寸暇」は「わずかな時間」のことなので、これでは意味が通らない。

正鵠《せいこく》を射る　核心を突く。解説「的を射る」と同様の表現。「正鵠を得る」という言い方も見られる。「的を得る」は誤用とされるが、「正鵠を得る」のほうは誤用ではないという見方もある。なお、核心を外すことは「正鵠を失する」

象牙《ぞうげ》の塔　俗世間から離れて芸術至上主義を貫く立場。また、現実から離れた閉鎖的な学究生活や研究室。解説皮肉や軽蔑《けいべつ》の意味を込めて使われることが多い。

相好《そうごう》を崩す　喜びが込み上げて、思わずほほえむ。

治にいて乱を忘れず　平和な世にいても、万一のときに備えることを怠らないという教え。

出端《でばな》をくじく　最初のところで妨害する。最初のところで相手の意気込みをなくさせる。類例「出端を折る」という言い方もある。

手前味噌を並べる　いかにも得意げに自分のことをおおげさにほめること。

同病相憐れむ　同じ病気や悩み苦しみを持つ者は、互いの辛さが分かるので助け合い、同情するものだということ。

流れに棹《さお》さす　時流に乗る。**解説**「流れに逆らう」というような逆の意味で使う誤用例も見られるので注意。

煮え湯を飲まされる　信じていた人に裏切られ、ひどい仕打ちを受ける。**解説**ただひどい仕打ちを受けるのではなく、信じていた人から、という点が必要なので注意。

脳漿《のうしょう》を絞る　「脳漿」は脳を満たしている液体。限界まで知恵を絞って考えること。

嚢中《のうちゅう》の錐《きり》　袋の中に錐を入れても、錐は袋を突き破ってしまうことから、才能のある人は、隠れていても必ず外に現れること。**類例**「錐嚢《すいのう》」とも言う。

破竹の勢い　とどめることができないほど勢いよく進む様子。

鼻薬を嗅《か》がせる　むずかる子どもをなだめるために与える菓子を「鼻薬」ということから、転じて賄賂《わいろ》を使うこと。

万事休す　対策の講じようがなく、もはや手の施しようがないこと。すべてが終わったと諦めること

半畳を入れる　からかったり非難したりする。**解説**「半畳」は、芝居の客席に敷いたござ。芝居の観客が、芸に対する不満を表すために舞台に半畳を投げ込んだことから。「半畳を打つ」とも言う。

火蓋《ひぶた》を切る　戦いを始める。**解説**「火蓋を切って落とす」という言い方も見られるが、これは「幕を切って落とす」との混同から生じた誤用なので注意。

風雲急を告げる　戦争や革命などが今にも起きそうな、差し迫った様子。

下手の考え休むに似たり　碁や将棋で、下手な者の長考は、時間を浪費するだけで、何の効果もない。相手が考え続けるのをあざけっていう。

仏の顔も三度　どんなに慈悲深い人でも、無法なことをたびたびされると怒ること。

真綿に針を包む　うわべは柔和でも内心に悪意を持っていることのたとえ。

水を打ったよう　その場の人々が静まり返っている様子。

身を粉にする　苦労をいとわないで一心に仕事をする様子。

毛頭ない　少しもない。**解説**「毛頭」は毛の先のこと。「毛の先ほども」ということで、ないことを強調する。

溜飲《りゅういん》が下がる　不平、不満が解消する。**解説**「溜飲」は、胃の不調からのどもとに酸《す》っぱい液が上がること。

柳眉《りゅうび》を逆立てる　美人が怒ること。**解説**「柳眉」は柳の葉のように細く美しい（美人の）眉。

労多くして功は少なし　苦労したのに報われず、何の得もないということ。

綿のように疲れる　疲れてへとへとになる様子。

草鞋を脱ぐ　旅を終える。旅館などに落ち着く。

四字熟語の例

【あ行】

曖昧模糊《あいまいもこ》　物事がはっきりせず、ぼんやりしていること。

唯々諾々《いいだくだく》　事の良し悪しにかかわらず、ただ人の意見に従って言いなりになること。

意気軒昂《いきけんこう》　意気込みが盛んな様子。元気や勢力の盛んな様子。

一衣帯水《いちいたいすい》　一本の帯のように狭い川や海峡。転じて、二つのものの間がとても狭いこと。

一言居士《いちげんこじ》　どんなことにでも自分の意見を言わなければ気の済まない人。

一陽来復《いちようらいふく》　不幸が去って、幸いがやってくること。

一蓮托生《いちれんたくしょう》　死後、極楽浄土で同じ蓮《はす》の花の上に生まれることから、最後まで行動・運命をともにすること。

一気呵成《いっきかせい》　物事を一気に成し遂げること。

一視同仁《いっしどうじん》　誰をも差別せず、すべての人を平等に見て一様に仁愛をほどこすこと。

一瀉千里《いっしゃせんり》　物事がすみやかにはかどり進むこと。

一知半解《いっちはんかい》　なまかじりで、知識が十分に自分のものになっていないこと。

意馬心猿《いばしんえん》　欲に惑わされ、心の乱れが抑えがたいこと。

慇懃無礼《いんぎんぶれい》　うわべだけ丁寧で内心では相手を見下していること。

因循姑息《いんじゅんこそく》　旧習にとらわれたまま、その場しのぎに物事にあたること。

隠忍自重《いんにんじちょう》　我慢して、軽はずみな言動を慎むこと。

有為転変《ういてんぺん》　世の中の移り変わりが激しいこと。万物が変化してやまないこと。

羽化登仙《うかとうせん》　人に羽が生えて仙人になって天に昇ること。

雨奇晴好《うきせいこう》　雨の日も晴れの日も景色がよいこと。

右顧左眄《うこさべん》　右を見たり左を見たりする、という意味から、周りを気にしてばかりで決断できないこと。

内股膏薬《うちまたごうやく》　内股に付けた膏薬のように、その時次第でどちらにも付いて節操のないこと。

雲散霧消《うんさんむしょう》　雲や霧のように、跡形もなく消えてしまうこと。**解説**「雨散霧消」もよく見られるが、正しくは「雲散」であり、「雨散」は誤り。

円転滑脱《えんてんかつだつ》　物事が滞らずに進むこと。また、人との応対に角が立たず巧妙なこと。

【か行】

鎧袖一触《がいしゅういっしょく》　鎧《よろい》の袖《そで》に少し触れるくらいのわずかな力で、簡単に相手を打ち負かすこと。

外柔内剛《がいじゅうないごう》　外見はもの柔らかだが、心の中はしっかりしていること。**解説**逆に「内柔外剛」は、気が弱いくせに外見だけ強そうに見せること。

街談巷説《がいだんこうせつ》 世間でのうわさ。

怪力乱神《かいりょくらんしん》 理屈では説明できない不思議な現象や存在。

偕老同穴《かいろうどうけつ》 ともに老い、同じ墓に入ることから、夫婦が深い愛情でつながっていること。**解説**「皆老」などと書かないように。

隔靴掻痒《かっかそうよう》 靴の上から足のかゆいところをかいてもうまくいかないように、思いどおりにいかずもどかしいこと。

合従連衡《がっしょうれんこう》 合従の策と連衡の策。転じて、時々の利害に応じて、団結したり離れたりする策。

苛斂誅求《かれんちゅうきゅう》 税金などを厳しく取り立てること。また、そのような厳しい政治。

夏炉冬扇《かろとうせん》 夏の火鉢、冬の扇のように、時節に合わず役に立たないもの。

汗牛充棟《かんぎゅうじゅうとう》 牛が汗をかくほど重く、棟まで届く量、という意味から、蔵書が非常に多いこと。

換骨奪胎《かんこつだったい》 先人の作品の趣意に沿いながら新しいものを加えて表現すること。

気宇壮大《きうそうだい》 物事を構想する場合などのスケールが大きい。人並み外れて度量が大きい。

旗幟鮮明《きしせんめい》 自分の立場や主張がはっきりしていること。

鳩首凝議《きゅうしゅぎょうぎ》 多くの人が額を寄せ合って相談すること。**解説**「疑義」ではないので注意。「鳩首協議（—密議・—会談）」とも。

窮鼠嚙狸《きゅうそごうり》 弱者も追い詰められれば強者に反撃する。**類例**「窮鼠猫を嚙《か》む」

旧態依然《きゅうたいいぜん》 昔のままの状態。**解説**「以前」などと書かないように。

行住坐臥《ぎょうじゅうざが》 行く・止まる・座る・寝る、という意味から、日常の振る舞いのこと。

拱手傍観《きょうしゅぼうかん》 手をこまねいて、何もせず、はたからただ見ているだけ。

驚天動地《きょうてんどうち》 世の中を大いに驚かせること。

虚心坦懐《きょしんたんかい》 何のわだかまりもなく、さっぱりした心で物事に臨むこと。

毀誉褒貶《きよほうへん》 けなすこととほめること。世間でのさまざまな批評。

欣喜雀躍《きんきじゃくやく》 喜びのあまり小躍りすること。

軽挙妄動《けいきょもうどう》 よく考えもせず、軽はずみな行動をすること。**解説**「軽妄挙動」などと順序を間違えないように。

月下氷人《げっかひょうじん》 結婚の仲立ちをする人。仲人。

牽強付会《けんきょうふかい》 自分に都合のよいよう、無理に理屈をねじ曲げること。

乾坤一擲《けんこんいってき》 運命をかけた大勝負をすること。**解説**「一滴」などと書かないように。

堅忍不抜《けんにんふばつ》 じっと我慢して心を動かさないこと。

権謀術数《けんぼうじゅっすう》 人をうまくだますためのはかりごと。「権謀」は、その場に応じた策略。「術数」は、はかりごと。

行雲流水《こううんりゅうすい》 空行く雲や流れる水のように、自然のままに任せて行動すること。

傲岸不遜《ごうがんふそん》 おごり高ぶって、相手を見下した態度。

剛毅木訥《ごうきぼくとつ》　意志が強く、飾り気のない様子。

荒唐無稽《こうとうむけい》　とりとめもなく、現実味のないこと。でたらめ。

豪放磊落《ごうほうらいらく》　度量が大きく、細かいことにこだわらないこと。

狐疑逡巡《こぎしゅんじゅん》　狐《きつね》は疑い深いことから、疑い深く、なかなか決断しないこと。

虎視眈眈《こしたんたん》　獲物をねらう虎のように、機会をねらって様子をうかがっていること。

古色蒼然《こしょくそうぜん》　古びて色あせたさま。

【さ行】

才気煥発《さいきかんぱつ》　才気が盛んに外に現れること。才能が目立つこと。

山紫水明《さんしすいめい》　自然の景色が美しいこと。

三面六臂《さんめんろっぴ》　仏像が、三つの顔と六つの腕とを一身に備えた形をしていること。転じて、一人で数人分もの働きがあること。

尸位素餐《しいそさん》　才徳がなくていたずらに高位におり、職責を果たさないこと。

四角四面《しかくしめん》　まじめすぎておもしろみがない様子。また、型にはまった考え方しかできず融通が利かない様子。

自家撞着《じかどうちゃく》　同じ人の言動に食い違いがあること。用例「自家撞着に陥る」などの言い方が多い。

獅子奮迅《ししふんじん》　奮い立った獅子のような、すさまじい勢い。

志操堅固《しそうけんご》　主義や考えなどを固く守って変えないこと。環境や事情に左右されない強い意志を持っていること。

周章狼狽《しゅうしょうろうばい》　うろたえ騒ぐこと。

熟慮断行《じゅくりょだんこう》　じゅうぶん考えた後で、思い切って実行に移すこと。

首鼠両端《しゅそりょうたん》　「首鼠」は穴から顔を出した鼠《ねずみ》。様子をうかがって、どちらにしようか決めかねている様子。

少壮有為《しょうそうゆうい》　その分野に新しく現れたばかりで認められ、意気込みが鋭く、将来が期待されること。また、その人。

唇歯輔車《しんしほしゃ》　両者の利害関係が密接で、互いに補い合い、助け合う関係にあること。

深謀遠慮《しんぼうえんりょ》　将来のことまで考えた、深いはかりごと。

酔生夢死《すいせいむし》　無為に一生を過ごすこと。

青天白日《せいてんはくじつ》　心にやましいところがないこと。無実の罪が晴れること。

是是非非《ぜぜひひ》　公正な立場から、よいことはよい、悪いことは悪いと判断すること。

浅学非才《せんがくひさい》　学問・知識が浅く未熟であること。また、その人。自分のことを謙遜して言うときに用いる言葉。

千篇一律《せんぺんいちりつ》　どれもが同じようでおもしろみがないこと。

先憂後楽《せんゆうこうらく》　世の中のことを人より先に案じ、人より後で楽しむこと。常に世の中の平安を考えている態度。

俗臭芬芬《ぞくしゅうふんぷん》　俗世間の金や名誉に執着する卑しい気持ちが、悪臭のように盛んに漂うさま。

率先垂範《そっせんすいはん》　人の先に立って模範を示すこと。

【た・な行】

大義名分《たいぎめいぶん》　人として守るべき道義と本分。また、その行いを正当化する道理、理由。

大所高所《たいしょこうしょ》　目の前の個々の細かい事柄にとらわれず、高い所から見渡すように、大きな視野で見ること。

泰然自若《たいぜんじじゃく》　物事に少しも動じない、落ち着いた様子。

断簡零墨《だんかんれいぼく》　文書の切れ端。

彫心鏤骨《ちょうしんるこつ》　苦心すること。詩文などを非常に骨を折り心を砕いて磨きあげること。

跳梁跋扈《ちょうりょうばっこ》　悪人などがのさばりはびこること。

直情径行《ちょくじょうけいこう》　感情をコントロールすることができず、その時々の気分のおもむくままに行動しがちな性格。

猪突猛進《ちょとつもうしん》　猪《いのしし》のように、向こう見ずに突き進むこと。

天壌無窮《てんじょうむきゅう》　天地とともに永遠に続くこと。

同床異夢《どうしょういむ》　いっしょに行動しながら、考えは別々なこと。

徒手空拳《としゅくうけん》　手に何も持たないということから、自分の力だけで物事にあたること。

内憂外患《ないゆうがいかん》　国内の心配事と外国から迫られる不安。

南船北馬《なんせんほくば》　中国の南方は船旅、北方は馬の旅が一般的なことから、忙しく各地を旅すること。類例「東奔西走」

【は・ま行】

薄志弱行《はくしじゃっこう》　意志が弱く、行動力もないこと。

八面六臂《はちめんろっぴ》　一人で何人分もの活躍をすること。類例「三面六臂」とも。「臂」は腕のこと。

盤根錯節《ばんこんさくせつ》　曲がった根と入り組んだ節、という意味から、複雑で解決しにくい事柄。

眉目秀麗《びもくしゅうれい》　男性の容姿が端正なこと。

百花繚乱《ひゃっかりょうらん》　たくさんの花が美しく咲き乱れるように、優れた人物や業績が一度にたくさん現れること。

比翼連理《ひよくれんり》　「比翼の鳥、連理の枝」の略で、深い愛で結ばれた夫婦のこと。

風光明媚《ふうこうめいび》　風景が美しいこと。解説「風光明美」などと書かないように。

風餐露宿《ふうさんろしゅく》　風を食事とし露を宿とする、という意味から、野宿すること。

不倶戴天《ふぐたいてん》　同じこの空の下にともに生きていられないと思うほど、恨みや憎しみが深いこと。

不言実行《ふげんじっこう》　なすべきことを、あれこれ言わずに実行すること。解説言ったことは実行する、という意味で「有言実行」という言い方があるが、これは近年、「不言実行」をもじって使われ始めたものである。

不撓不屈《ふとうふくつ》　どんな困難に遭ってもくじけないこと。解説「不倒」などと書かないように。

文人墨客《ぶんじんぼっかく》　詩文や書画など、風流に親しむ人。

片言隻語《へんげんせきご》 ほんの少しの短い言葉。類例「片言隻句」

傍若無人《ぼうじゃくぶじん》 周囲に人がいないかのように自分勝手に振る舞うこと。

捧腹絶倒《ほうふくぜっとう》 ひっくり返りそうなほど大笑いすること。解説「ほうふく」の正式な漢字は「捧腹」であり、現代広く使われる「抱腹」は、もともとは誤用が広まったものである。

無為徒食《むいとしょく》 仕事も何もしないで、ただぶらぶらと遊び暮らすこと。これといったことがなく、いたずらに日を過ごすこと。

無病息災《むびょうそくさい》 これといった病気をすることもなく、元気で日々を過ごしていること。

無理無体《むりむたい》 相手の意向にはかまわず、強引に物事を行うこと。

門前雀羅《もんぜんじゃくら》 「雀羅」は雀《すずめ》を捕る網。誰も訪れないために、雀が門前に群れをなして雀羅が必要になる、ということから、その家を訪れる人もなく、静まりかえっている様子。類例「門前雀羅を張る」とも言う。

【や～わ行】

勇往邁進《ゆうおうまいしん》 目的を果たそうとして、脇目もふらずまっしぐらに進むこと。

融通無碍《ゆうずうむげ》 思考や行動が自由で、とらわれるものがないこと。

落花狼藉《らっかろうぜき》 花を散らすような乱暴をすること。また、ものが入り乱れてとり散らかっているさま。

流言蜚語《りゅうげんひご》 確証や根拠のないうわさ。世間で言い触らされている風説。デマ。類例「流言飛語」とも書く。

粒粒辛苦《りゅうりゅうしんく》 米の一粒一粒が農民の努力の結晶であることから、転じて、苦労や努力を積み重ねること。

柳緑花紅《りゅうりょくかこう》 春の風景の美しさの表現。類例「柳は緑花は紅《くれない》」とも。

冷汗三斗《れいかんさんと》 恐ろしかったり恥ずかしかったりしてひどく冷や汗をかく様子をいう。「斗」は尺貫法の容積の単位で、「三斗」でひどくたくさんという意味を表す。

魯魚章草《ろぎょしょうそう》 「魯」と「魚」、「章」と「草」は字形が似ていることから、間違いやすい字のこと。類例「魯魚亥《がい》豕《し》」「魯魚烏焉馬《うえんば》」とも。

論功行賞《ろんこうこうしょう》 功績に応じて賞を与えること。

和気藹藹《わきあいあい》 仲良く、穏やかな気分が満ちあふれている様子。

和光同塵《わこうどうじん》 優れた知恵や才能、徳などを隠して世俗の人と交わること。

故事成語の例

【あ行】

愛は屋烏《おくう》に及ぶ　その人を愛するときには、その屋根の上の烏《からす》までも愛するものだということから、愛情の深いたとえ。（『尚書大伝』）類例「屋烏の愛」とも。「あばたもえくぼ」に近い。逆は「坊主憎けりゃ袈裟《けさ》まで憎い」。

青は藍《あい》より出《い》でて藍より青し　青は藍草を原料とするが、もとの藍草よりも青いという意味から、弟子が師よりも優れることのたとえ。（『荀子《じゅんし》』）類例「出藍《しゅつらん》の誉《ほま》れ」とも。

石に漱《くちすす》ぎ流れに枕《まくら》す　「枕石漱流《ちんせきそうりゅう》」を「枕流漱石」と言い誤り、流れに枕するのは耳を洗うため、石に漱ぐのは歯を磨くためだと強引にこじつけた故事から、負け惜しみの強いこと。ひどいこじつけ。（『晋書《しんしょ》』）解説 夏目漱石の「漱石」はこれによる。本来の「枕石漱流」は、石を枕とし、川の流れで口をすすぐような、俗世から離れた質素な暮らしのこと。

一将功成りて万骨枯《ばんこつ》る　一人の将軍が功を立てた戦場では、一万の兵士が骨になるという意味から、一人の成功者の陰には、多くの人の犠牲があるということ。（曹松《そうしょう》「己亥の歳」詩）

一炊の夢　唐の青年盧生《ろせい》が、邯鄲《かんたん》の宿で道士の枕を借りて昼寝をし、夢の中で栄枯盛衰の五十年を過ごしたが、目覚めてみると、まだ黄粱《こうりょう》も炊きあがっていなかったという故事から、人生の栄枯盛衰ははかないというたとえ。（『枕中記』）類例「盧生の夢」、「黄粱の夢」、「邯鄲の夢」とも。「一睡の夢」という表記も見られるが、本来は黄粱を「炊く」間のことなので「一炊」である。また、似たような話に、唐代の伝奇小説「南柯《なんか》太守伝」の「南柯の夢」があり、「南柯の夢」の意味するところも同様に、この世の繁栄は、当てにならない夢にすぎないと悟ることである。

韋編三絶《いへんさんぜつ》　綴《と》じ目がとれてばらばらになってしまうまで、何度も読書すること。（『史記』）

殷鑑《いんかん》遠からず　殷王朝が戒めとすべき手本は、すぐ前の夏王朝が滅亡に至る経緯にあった、ということから、自らの戒めとすべき前者の失敗例は身近にある、ということ。（『詩経』）

魚《うお》を得て筌《せん》を忘る　魚が捕れると、そのための道具である筌は忘れ去られてしまうということから、目的を達成すると、そのために働いたものの功を忘れてしまうこと。（『荘子』）

烏有《うゆう》に帰《き》す　火災などで何もなくなること。（『史記』）解説「烏有」は「いずくんぞ有らんや」と読み、何もない、という意味。

燕雀《えんじゃく》安《いず》くんぞ鴻鵠《こうこく》の志を知らんや　燕《つばめ》や雀《すずめ》には、鴻《おおとり》や鵠《くぐい》といった大きな鳥の心は分からないという意味から、小人物には、大人物の志は分かるものではないということ。(『史記』)

王侯将相《しょうしょう》寧《いず》くんぞ種《しゅ》有らんや　王や諸侯、将軍や宰相になる人というのは、血統で最初から決まっているわけではない。(『史記』)

【か行】

会稽《かいけい》の恥　越王勾践《こうせん》は呉王夫差に会稽の戦いで敗れたことから、敗戦の恥、また、相手からひどい辱めを受けること。(『史記』) 解説 以後、「臥薪嘗《がしんしょう》胆《たん》」でこの屈辱を耐え忍び、ついに復《ふく》讐《しゅう》を遂げる。そこから、その恨みを晴らすことについては「会稽の恥を雪《すす》ぐ」という。

蝸牛《かぎゅう》角上の争い　かたつむりの左右の角の上にいる者が争ったという寓話《ぐうわ》から、大局には少しの影響もない小さな争い。また、つまらない争い。(『荘子』)

臥薪嘗胆《がしんしょうたん》　呉王夫差が薪の上に寝、越王勾践が苦い胆《きも》を嘗《な》めて、お互いに屈辱を忘れまいとした故事から、目的を成し遂げるため、苦労・苦心を重ねること。(『十八史略』)

河清《かせい》を俟《ま》つ　黄河の水が澄むのを待つように、当てにならないことを待ち続けること。(『春秋左氏伝』) 類例 「百年河清を俟つ」とも。

鼎《かなえ》の軽重《けいちょう》を問う　王家の権威の象徴である鼎の重さを尋ねたという故事から、相手の実力を疑い、その地位を覆そうという野心があること。また、人の実力や権威を疑うこと。(『春秋左氏伝』)

画竜点睛《がりょうてんせい》　絵の名人が壁に描いた竜に睛《ひとみ》を入れたらたちまち天に昇ったという故事から、最後の肝心な仕上げのこと。(『水衡記』) 解説 「睛」はひとみのことで、「晴」は誤り。また、最後の肝心な仕上げをしないことを「画竜点睛を欠く」という。

雁信《がんしん》　手紙、書信のこと。雁《かり》の足に手紙を結び付けて放ち、連絡を取ったという故事から、手紙、書信のこと。(『資治通鑑《しじつがん》』) 類例 「雁書」とも。

玩物喪志《がんぶつそうし》　つまらないものを愛玩したばかりに、大切な志を失うこと。(『書経』)

管鮑《かんぽう》の交わり　生涯友情を貫いた管《かん》仲《ちゅう》と鮑叔《ほうしゅく》の関係になぞらえ、友人間の親密な交際。(『列子』)

奇貨《きか》居《お》くべし　珍しい品物だから後日の利益を見越して今のうちに買っておくべきだ。また、得がたい機会だからぜひとも利用すべきだ。(『史記』) 用例 「奇貨」で意外な利益をもたらす可能性のあるものを指し、失敗などについて「今回の失敗を奇貨として……」などと使うことが多い。

驥尾《きび》に付す　蝿《はえ》でも、駿馬《しゅんめ》である驥《き》の尾に付けば遠くまで行くことができる、ということから、優れた人の後ろに付いて見習うこと。(『史記』) 解説 自身の行為を謙遜して言う場合に使う。

朽木《きゅうぼく》は雕《え》るべからず　腐った木には彫刻できないことから、性根の腐った人間にはいくら教えても無駄なこと。(『論語』) 類例 「糞土《ふんど》の牆《しょう》は杇《ぬ》るべからず」（腐った壁は貼《は》り替えられない）という言い方もあり、合わせて「朽木糞牆《ふんしょう》」「朽木糞土」という四字熟語にもなる。

曲学阿世《あせい》 真理を曲げて、権力者や世間に気に入られようとする学問的態度。（『史記』）

琴瑟相和《きんしつあいわ》す 「瑟」は大型の琴。琴と瑟の音色がよく合うことから、夫婦仲がよいことのたとえ。（『詩経』） 解説 逆は「琴瑟調わず」。

愚公山を移す 愚公という人が、家の前の山の土を少しずつ運んで平らにしようと決意し、毎日続けていたところ、天帝がその姿勢に感動して山を移したという寓話から、努力し続ければ、成功すること。（『列子』）

君子豹変《ひょうへん》 君子は誤ちを悟ったらすばやく改める。（『易経』） 解説 「君子は豹変す」とも。また、現在では、俗に、節操がなく考えがすぐに変わることを表すことも多い。

鶏鳴狗盗《けいめいくとう》 犬を盗むのが得意な者や、鶏の鳴き真似がうまい者を使って囚《とら》われた王を脱出させた故事から、くだらない策を弄《ろう》する者。また、つまらない技能でも役に立つことがあることのたとえ。（『史記』）

捲土重来《けんどちょうらい》 砂ぼこりをあげて、またやってくるという意味から、一度敗れた者が、また勢いを盛り返してくること。（杜牧「烏江亭に題す」詩）

狡兎《こうと》死して走狗《そうく》烹《に》らる 兎《うさぎ》が死ねば、兎狩りのための猟犬もいらなくなって煮て食べられる、ということから、敵国が滅びれば、そのために働いていた功臣は邪魔になって殺されることのたとえ。（『史記』） 解説 「走狗」は「良狗」とも。

亢竜《こうりょう》悔い有り 昇りつめた竜は、あとは下降するだけということから、最高の地位に立ったものは必ず衰えるということ。（『周易』）

呉下《ごか》の阿蒙《あもう》 魯粛《ろしゅく》が呂蒙《りょもう》と再会した際に、以前よりもはるかに学識が深まっていたことに驚いて「呉にいたころの阿蒙（「阿」は親しみを込めて呼ぶ言い方）ではない」と言ったという故事から、呉にいたころの阿蒙、すなわち、昔のままで進歩のない者のこと。

胡馬北風《こばほくふう》に依《よ》る 胡馬は北方でとれる馬で、北風が吹くたびに故郷の北方を慕っていなく、ということから、故郷を忘れがたいこと。（『文選《もんぜん》』） 類例 「胡馬北風にいばう」とも。また、「胡馬北風」という四字熟語もある。同様の表現に「越鳥南枝《えっちょうなんし》に巣くう」（「越鳥南枝」）

鼓腹撃壌《こふくげきじょう》 国がよく治まっていたため、民が腹鼓を打ち、地面を踏みならして歌っていたことから、天下がよく治まって、人民が平和を楽しむさま。（『十八史略』）

【さ行】

疾風《しっぷう》に勁草《けいそう》を知る 強風が吹いてはじめて強い草が見分けられることから、困難に直面してはじめてその人の真価が分かるということ。（『後漢書』）

守株《しゅしゅ》　農夫が、切り株に兎《うさぎ》が当たって死んだのを見て、働きもせずに切り株の番をして、再び兎が当たるのを待ち続けたという寓話から、古い習慣にとらわれて、時代の変化に応ずることのできないこと。（『韓非子《かんぴし》』）

水魚の交わり　魚と水のように、切っても切れない親密な交際。（『三国志』）

性は相近し習いは相遠し　人の生まれつきの性質は誰でも似たようなもので、後天的な習慣・学習が人をそれぞれ違ったものに成長させる。（『論語』）

切磋琢磨《せっさたくま》　玉を削ったり磨いたりして立派にするという意味から、学問や技芸の向上に励むこと。また、仲間どうし刺激しあって上を目指すこと。（『詩経』）

千丈の堤《つつみ》**も蟻**《あり》**の一穴**《いっけつ》**より**　千丈もの高い堤防も小さな穴から崩れ始めることから、小さな油断が大きな災いを招くという戒め。（『韓非子』）

宋襄《そうじょう》**の仁**　宋《そう》の襄公が楚《そ》と戦ったとき、敵の準備が整わないうちに攻撃しようという意見があったにもかかわらず取り上げず、普通に戦って結局敗れてしまったという故事から、つまらぬ情けをかけて失敗すること。無用の情け。（『十八史略』）

【た行】

多岐亡羊《たきぼうよう》　逃げた羊を追っていったら分かれ道が多くて見失ってしまった、ということから、学問の道が多方面に分かれていて、真理をつかみにくいこと。また、どの方法を取ったらいいのか迷って途方に暮れること。類例「亡羊の嘆《たん》」とも。

天網恢恢《てんもうかいかい》**疎にして漏らさず**　天の網は目が粗いようでいて、決して悪人を捕り漏らすようなことはないという意味から、どんな悪事でも必ず天罰を受ける、ということ。（『老子』）

桃李《とうり》**言わざれども下自**《おの》**ずから蹊**《みち》**を成す**　桃や李《すもも》はよい花や実がなるので人が集まり、自然と道ができるという意味から、徳のある人のもとには、人が自然に集まってくること。（『史記』）

蟷螂《とうろう》**の斧**《おの》　蟷螂（かまきり）が大きな車に立ち向かうことから、自分の実力も考えずに強敵に立ち向かうこと。無駄な抵抗。（『後漢書』）

【は・ま行】

抜山蓋世《ばつざんがいせい》　山を抜き去るほどの力と、世を覆うほどの気力があると歌った項羽の詩から、意気盛んなこと。（『史記』）

顰《ひそみ》**に倣う**　絶世の美女西施《せいし》が、病に苦しんで眉《まゆ》を顰《ひそ》めたのを見て、他の女も真似して眉を顰めたという故事から、考えもなく他人の真似をすること。（『荘子』）

髀肉《ひにく》**の嘆**　劉備《りゅうび》が、戦場を馬で駆け巡らなくなってから股《もも》に肉がついたと嘆いたという故事から、活躍の機会がないことを嘆くこと。（陳寿『三国志』）

豹《ひょう》は死して皮を留《と》む　「人は死して名を留む」と続く。豹でさえ死ぬと美しい毛皮を残すのだから、まして人間は死後に名声が残るように努力するべきだ、ということ。(『新五代史』) 類例 「虎《とら》は死して皮を留め、人は死して名を残す」とも。

舟に刻みて剣を求む　舟上で水中に剣を落とした者が、舟べりに印をつけ、岸に着いてから、舟につけた目印の下を探したという故事から、融通のきかないこと。時勢の変化を知らないこと。(『呂氏《りょし》春秋』)

刎頸《ふんけい》の交わり　廉頗《れんぱ》と藺相如《りんしょうじょ》の二人は、相手のためなら首を刎《は》ねられてもかまわないほどの親交を結んだという故事から、堅く結ばれた友情、または、その友人のこと。(『史記』) 類例 「刎頸の契り」「刎頸の友」とも。

暴虎《ぼうこ》馮河《ひょうが》　虎《とら》に素手で立ち向かい、大河を徒歩で渡るように、無謀なこと。(『論語』)

水は方円の器に随《したが》う　水は容器の形に応じて円にも方(四角)にもなることから、人は環境次第で善にも悪にもなりうること。(『荀子』)

【や・ら行】

病膏肓《こうこう》に入《い》る　膏肓(横隔膜の上で心臓の下)に病魔が入ると病気が治せなくなると信じられていたことから、病気が重く手のほどこしようがないこと。転じて、道楽などに熱中して抜け出せない様子。(『春秋左氏伝』)

夜郎自大《やろうじだい》　小民族「夜郎」が、漢の強さを知らずに漢の使者に自国を誇ってみせたことから、自分の力量も知らずに威張ること。(『史記』)

洛陽《らくよう》の紙価を高める　左思の「三都賦」が傑作だったため、多くの人が書き写し、洛陽の紙の値段が高くなったという故事から、著書が大評判になり、よく売れること。(『晋書《しんしょ》』)

李下《りか》に冠を正さず　李《すもも》の木の下で冠を直そうと手を上げると、実を盗むのかと疑われることから、人に疑われるような行為は慎むべきだ、ということ。(『文選』) 類例 「瓜田《かでん》に履《くつ》を納《い》れず」とも言い、あわせて「瓜田李下」という四字熟語にもなる。

隴《ろう》を得て蜀《しょく》を望む　後漢の光武帝が隴の地を得ると、次は南の蜀も平定したいと言ったという故事から、人の欲望には限りがないこと。(『後漢書』)

●表記

＊内閣告示「現代仮名遣い」（昭和六十一年）による。

現代仮名遣いのポイント

1 長音

長音符「ー」は外来語にしか用いない。長音表記は基本的に「あ」「い」「う」「え」「お」という母音を添えるという表記法になるが、母音の添え方には次のような基準がある。ア列、イ列、ウ列の長音はそれぞれその母音を添えるだけなので問題ないが、エ列、オ列の長音には注意が必要である。

(1) ア列の長音

ア列の仮名に「あ」を添える。

例 おかあさん　おばあさん

(2) イ列の長音

イ列の仮名に「い」を添える。

例 にいさん　おじいさん

(3) ウ列の長音

ウ列の仮名に「う」を添える。

例 おさむうございます（寒）
くうき（空気）　ふうふ（夫婦）
うれしゅう存じます　きゅうり
ぼくじゅう（墨汁）
ちゅうもん（注文）

(4) エ列の長音

①原則として、エ列の仮名に「え」を添える。

例 ねえさん　ええ（応答の語）

②ただし、次のものは、エ列長音で発音されることがあっても「い」を添えて表記する。

Ⓐ動詞連用形

例 かせいで（稼）　まねいて（招）
春めいて

これらは本来、長音ではなく「セイ」「エイ」などという「ei」の母音連続であり、仮名遣いも発音どおりであるが、現代では「カセーデ」「マネーテ」などとエ列長音として発音されることもある。しかし、実際どのように発音されるかにかかわらず、このような動詞連用形は、本来の仮名遣いどおり、エ列の仮名に「い」を添えて書く。

Ⓑ漢語の読みがエ列長音化したもの

例 へい（塀）　めい（銘）
れい（例）　えいが（映画）
とけい（時計）　ていねい（丁寧）

例えば「映画」はしっかりと「エイガ」と発音することも、長音化して「エーガ」と発音することもある。ここに掲げた例以外にも、漢語の読みにおける「ei」がエ列長音化して発音される場合は多々あるが、これらについても実際どのように発音されるかにかかわらず、本来の仮名遣いどおり、エ列の仮名に「い」を添えて書く。

エ列長音の表記の原則は〈エ列の仮名に「え」を添える〉というものであるが、現在われわれがエ列長音として発音するものの多くはⒶまたはⒷであり、原則が適用される語の数のほうが少ない。原則が適用されるのは「ねえさん」、呼びかけ・応答の「ええ」「へえ」「ねえ」など、また、台詞《せりふ》等での「知らねえ」、「うめえ」などのように、規範を超えて音そのものを写し取る場合程度である。そこで、これら以外のエ列長音は「い」を添える、と思っておいたほうが実は現実的である。

(5) オ列の長音

①原則として、オ列の仮名に「う」を添える。

例 おとうさん　とうだい（灯台）
わこうど（若人）　おうむ（鸚鵡）
かおう（買）　あそぼう（遊）
おはよう（早）　おうぎ（扇）
とう（塔）　よいでしょう
はっぴょう（発表）
きょう（今日）
ちょうちょう（蝶々）

②次のような語は、オ列の仮名に「お」を添えて書く。

例 おおかみ　おおせ（仰）
おおやけ（公）　こおり（氷・郡）
こおろぎ　ほお（頬）　ほおずき
ほのお（炎）　とお（十）
いきどおる（憤）　おおう（覆）
こおる（凍）　しおおせる
とおる（通）　とどこおる（滞）
もよおす（催）
いとおしい　おおい（多）
おおきい（大）　とおい（遠）
おおむね　おおよそ

現代語の感覚で①と②を区別することは難しく、「通り」を「とうり」と書いてしまったり、「遠い」を含む「お持ち遠さま」を「おまちどうさま」と書いてしまったり、という誤りがよく見られる。

①と②の差は、歴史的仮名遣いの表記の違いによるものである。①の歴史的仮名遣いは、鸚鵡であれば「あうむ」、「今日」であれば「けふ」のように、長音の部分が「う」「ふ」などのウ列音で表記されていたため、これを引き継いで現代仮名遣いでは「う」を添える。これに対し、②の歴史的仮名遣いは「通る」であれば「とほる」、「十」であれば「とを」のように、長音の部分がオ列音で表記されていたため、現代仮名遣いでは「お」を添える。現代においては区別なく同じ音のオ列長音に対し、歴史的仮名遣いの違いをもとに「う」を添えるか「お」を添えるかが振り分けられているため、歴史的仮名遣いの感覚を持たない現代人には、どちらを添えるかの判断は難しい。現実的には、①を原則とし、②のように「お」を添える語を覚える、という対処の仕方がよいだろう。

2 助詞「は」「を」「へ」

内閣告示「現代仮名遣い」には助詞の表記について、「表記の慣習を尊重して」、「は」「を」「へ」と書くことが示されている。現代仮名遣いは、歴史的仮名遣いと異なり、発音のとおり表記するというのが基本方針であるが、「私わ荷物お実家え送った」のように書くことはない。助詞「は」「を」「へ」に関しては、歴史的仮名遣いの書き方が残ったことになる。助詞の表記法自体は、まず間違うことはないだろうが、やや注意を要するのは、慣用的な表現の中にこれらの助詞が含まれている場合である。例えば「やむをえない」という表記に対し、近年「やむおえない」という誤った表記が見られるようになったが、これは本来の「やむ—を—得ない」という関係を忘れ、全体で一語のように思い込んでしまったことによる。同様の事例として「こんにちは」を「こんにちわ」と表記する誤りも見られるが、これも本来の「今日—は」というつながりが忘れられ、全体で一つの決まり文句としか考えなくなった場合に起こる誤りである。このように、助詞「は」「を」を含む表現の中には、本来それが助詞であったことを忘れてしまうと表記を誤るおそれがあるので、その点に注意したい。

助詞「は」を含む例

例 これはこれは　こんにちは
こんばんは　あるいは　または
もしくは　いずれは　さては
ついては　ではさようなら
とはいえ　惜しむらくは
恐らくは　願わくは
悪天候もものかは

助詞「を」を含む例

例 やむをえない　いわんや…をや
よせばよいものを

〔補足〕 次のようなものは、本来係助詞の「は」であるが、現代においては一般にそのような認識がされなくなったため、助詞としての表記はせず「わ」と表記する。

例 いまわの際　すわ一大事
雨も降るわ風も吹くわ
来るわ来るわ　きれいだわ

3 動詞「言う」

「言う」は、「イウ」と発音する以外に、「ユー」と発音する場合もあるが、実際の発音にかかわらず、すべて「いう」という仮名遣いとし、「ゆう」とは表記しない。近年「そうゆう」「こうゆう」などの表記が見られるがこのような書き方は誤りである。

例 ものをいう（言）
いうまでもない
昔々あったという
どういうふうに　人というもの
こういうわけ

4 「じ」と「ぢ」、「ず」と「づ」

発音は変わらないが表記の方法が二通りあるものとして、「じ」と「ぢ」、および「ず」と「づ」が挙げられる。これらの仮名遣いの基準は次のとおりである。

①原則…「じ」「ず」を用いて書く。

例 ふじ（藤）　じかん（時間）

②例外…次のような語は、「ぢ」「づ」

を用いて書く。

(1) 同音の連呼によって生じた「ぢ」「づ」

例 ちぢみ（縮） ちぢむ ちぢれる
ちぢこまる
つづら つづく（続） つづみ（鼓）
つづる（綴）

〔注意〕「いちじく」「いちじるしい」は、この例に当たらない。

(2) 二語の連合によって生じた「ぢ」「づ」

「鼻（はな）」＋「血（ち）」が「鼻血（はなぢ）」となるように、「ち」「つ」で始まる語の前に別の語が付き、その結果「ち」「つ」が濁音化したもの（「連濁」という）は、もとの仮名遣い「ち」「つ」に濁点を付け、「ぢ」「づ」と書く。

例 はなぢ（鼻血）
そこぢから（底力）
いれぢえ（入知恵）
ちゃのみぢゃわん
まぢか（間近）
こぢんまり（小＋ちんまり）
ちかぢか（近々） ちりぢり
みかづき（三日月）
たけづつ（竹筒） たづな（手綱）
にいづま（新妻）
ひづめ（「づめ」は「爪」）
ひげづら おこづかい（小遣）
あいそづかし わしづかみ
こころづくし（心尽）
てづくり（手作）
こづつみ（小包） ことづて
はこづめ（箱詰） はたらきづめ
みちづれ（道連） かたづく
こづく（小突） どくづく
もとづく うらづける
ゆきづまる ねばりづよい
つねづね（常々） つくづく
つれづれ

なお、次のような語については、現代語の意識では一般に二語に分解しにくいもの等として、それぞれ原則どおり「じ」「ず」を用いて書くこととするが、「せかいぢゅう」「いなづま」のように「ぢ」「づ」を用いて書くこともできるものとする。

例 せかいじゅう（世界中）
いなずま（稲妻）
かたず（固唾：唾を表す「つ」）
きずな（絆：「綱」）
さかずき（杯：酒＋器を表す「つき」）
うなずく かしずく つまずく
ぬかずく ひざまずく
なかんずく（動詞「つく」）
くんずほぐれつ（助動詞「つ」）
でずっぱり（「つっぱり」）
うでずく くろずくめ（「尽く」）
ひとりずつ（「つつ」）
ゆうずう（融通、「つう」）

〔注意〕次のような語の中の「じ」「ず」は、漢字の音読みでもともと濁っているものであって，連濁ではないため「じ」「ず」を用いて書く。

例 じめん（地面）　ぬのじ（布地）
ずが（図画）　りゃくず（略図）

「鼻血」を「はなぢ」と書くと、「地面」を「ぢめん」と書いてしまいそうになるが、これは誤りである。「鼻血」の「血」は「血（ち）」が濁音化したものだが、「地面」の「地」は「ち」が濁音化したものではなく、初めから「じ」である。そもそも「鼻血」と異なり、「ち」の前に語が付いているわけではないので、連濁を起こして濁音化したわけではないことが分かるだろう。漢字の音読みは一種類と限らず、例えば「人」であれば「人間（にんげん）」「人口（じんこう）」のように、「ニン」や「ジン」と、複数の音読みが存在する。「地」の音読みも同様で「チ」と「ジ」はともに最初からある音読みであって、連濁の結果ではないため、大原則どおり「じ」を用いて書けばよい。

＊内閣告示「送り仮名の付け方」（昭和四十八年）による。

送り仮名の付け方のポイント

内閣告示「送り仮名の付け方」（昭和四十八年）に示される仮名遣いの基準を紹介する。

「送り仮名の付け方」では、基本法則のほかに「例外」「許容」の二つを立てて説明しており、本書でもそれに従う。

例外…本則には合わないが、慣用として行われていると認められるもの。つまり、本則が適用されない仮名の送り方。

許容…本則による形とともに認められる、本則に従わない仮名遣い。つまり、本則どおりに仮名を送る語であるが、それ以外に別の送り方も認められているもの。

1 活用のある語は、活用語尾を送る。

活用のある語に関しては、原則として語幹を漢字表記し、活用語尾を送り仮名として平仮名表記する。

例 憤る　承る　書く　実る　催す
生きる　陥れる　考える　助ける
荒い　潔い　賢い　濃い　主だ

●例外

(1) 語幹が「し」で終わる形容詞は、「し」から送る。

例 著しい　惜しい　悔しい
恋しい　珍しい

(2) 活用語尾の前に「か」、「やか」、「らか」を含む形容動詞は、その音節から送る。

例 暖かだ　細かだ　静かだ
穏やかだ　健やかだ　和やかだ
明らかだ　平らかだ　滑らかだ
柔らかだ

(3) 次の語は、次に示すように送る。

明らむ　味わう　哀れむ　慈しむ
教わる　脅《おど》かす　脅《おびや》かす　関わる
食らう　異なる　逆らう　捕まる

群がる　和らぐ　揺する
明るい　危ない　危うい　大きい
少ない　小さい　冷たい　平たい
新ただ　同じだ　盛んだ　平らだ
懇ろだ　惨めだ
哀れだ　幸いだ　幸せだ　巧みだ

●許容

次の語は、〔　〕の中に示すように、活用語尾の前の音節から送ることができる。

表す〔表わす〕　著す〔著わす〕
現れる〔現われる〕　行う〔行なう〕
断る〔断わる〕　賜る〔賜わる〕

〔注意〕 語幹と活用語尾との区別がつかない動詞は、例えば、「着る」「寝る」「来る」などのように送る。

2　活用語尾以外の部分に他の語を含む語は、含まれている語の送り仮名の付け方によって送る。

もとの語との対応が考えられる語については、もとの語の送り仮名の付け方が優先される。例えば形容詞「よろこばしい」は、法則どおりであれば「しい」からを送り仮名とし、「喜しい」とするはずであるが、もとの動詞「よろこぶ」の送り仮名の付け方「喜ぶ」に合わせて「喜ばしい」と送る。また、「向かう」は、「活用語尾を送り仮名とする」という原則に従うならば「むか」までが語幹、「う」が活用語尾であるため「向う」となるが、実際は「かう」を送る。これは、対応するもとの動詞「向く」の送り仮名（「む」までが漢字「向」）に合わせ、「向かう」と表記しているのである。

例

(1) 動詞の活用形またはそれに準ずるものを含むもの。

＊〔　〕内は対応するもとの語

動かす〔動く〕　照らす〔照る〕
語らう〔語る〕　計らう〔計る〕
向かう〔向く〕　浮かぶ〔浮く〕
生まれる〔生む〕
押さえる〔押す〕
捕らえる〔捕る〕
勇ましい〔勇む〕
輝かしい〔輝く〕
喜ばしい〔喜ぶ〕
晴れやかだ〔晴れる〕
及ぼす〔及ぶ〕　積もる〔積む〕
聞こえる〔聞く〕
頼もしい〔頼む〕
起こる〔起きる〕
落とす〔落ちる〕
暮らす〔暮れる〕
冷やす〔冷える〕
当たる〔当てる〕
終わる〔終える〕
変わる〔変える〕
集まる〔集める〕
定まる〔定める〕
連なる〔連ねる〕
交わる〔交える〕
混ざる・混じる〔混ぜる〕
恐ろしい〔恐れる〕

(2) 形容詞・形容動詞の語幹を含むもの。

重んずる〔重い〕　若やぐ〔若い〕

怪しむ〔怪しい〕
悲しむ〔悲しい〕
苦しがる〔苦しい〕
確かめる〔確かだ〕
重たい〔重い〕　憎らしい〔憎い〕
古めかしい〔古い〕
細かい〔細かだ〕
柔らかい〔柔らかだ〕
清らかだ〔清い〕
高らかだ〔高い〕
寂しげだ〔寂しい〕

(3)　名詞を含むもの。

汗ばむ〔汗〕　先んずる〔先〕
春めく〔春〕　男らしい〔男〕
後ろめたい〔後ろ〕

●許容

読み間違えるおそれのない場合は、活用語尾以外の部分について、次の〔　〕の中に示すように、送り仮名を省くことができる。

例 浮かぶ〔浮ぶ〕
生まれる〔生れる〕
押さえる〔押える〕
捕らえる〔捕える〕
晴れやかだ〔晴やかだ〕
積もる〔積る〕
聞こえる〔聞える〕
起こる〔起る〕　落とす〔落す〕
暮らす〔暮す〕　当たる〔当る〕
終わる〔終る〕　変わる〔変る〕

3　名詞は、送り仮名を付けない。

例 月　鳥　花　山　男　女　彼　何

●例外

(1)　次の語は、最後の音節を送る。
辺り　哀れ　勢い　幾ら　後ろ
傍ら　幸い　幸せ　互い　便り
半ば　情け　斜め　独り　誉れ
自ら　災い

(2)　数をかぞえる「つ」を含む名詞は、その「つ」を送る。

例 一つ　二つ　三つ　幾つ

4　活用のある語から転じた名詞および活用のある語に「さ」「み」「げ」などの接尾語が付いて名詞になったものは、もとの語の送り仮名の付け方によって送る。

名詞は送り仮名を付けないことを基本とするため、例えば「うごき」という名詞は、原則どおりであれば「動」と表記されるところであるが、実際は「動き」のように「き」を送って表記する。「うごき」は動詞「動く」の連用形をもとにした名詞であり、このように活用のある語をもとにした名詞を表記する場合は、もとの語での送り仮名の付け方に従って送るのである。

例

(1)　活用のある語から転じたもの。
動き　仰せ　恐れ　薫り　曇り
調べ　届け　願い　晴れ　当たり
代わり　向かい　狩り　答え
問い　祭り　群れ　憩い　愁い
憂い　香り　極み　初め　近く
遠く

(2)　「さ」「み」「げ」などの接尾語が付いたもの。

暑さ　大きさ　正しさ　確かさ
明るみ　重み　憎しみ　惜しげ

●例外

例えば「こおり（氷）」は動詞「こおる」、「しるし（印）」は動詞「しるす」と対応するが、「氷」「印」と表記し、送り仮名は付けない。これらの語は現代においては動詞との対応があまり意識されなくなっているものであり、その語本来の成り立ちがどうであれ、現代の意識において名詞そのものと認識される傾向の強い語に関しては、名詞の一般原則のとおり、送り仮名を付けない。

次の語は、送り仮名を付けない。

謡　虞　趣　氷　印　頂　帯　畳
卸　煙　恋　志　次　隣　富　恥
話　光　舞　折　係　掛《かかり》　組　肥
並《なみ》　巻　割

●許容

活用のある語をもとにする名詞は、もとの送り仮名に従って送り仮名を付けるのが原則であるが、読み間違えるおそれのない場合は、次の〔　〕の中に示すように、送り仮名を省くことができる。

例 曇り〔曇〕　届け〔届〕
願い〔願〕　晴れ〔晴〕
当たり〔当り〕　代わり〔代り〕
向かい〔向い〕　狩り〔狩〕
答え〔答〕　問い〔問〕
祭り〔祭〕　群れ〔群〕
憩い〔憩〕

5 副詞・連体詞・接続詞は、最後の音節を送る。

例 必ず　更に　少し　既に　再び
全く　最も　来る《きた》　去る　及び
且つ　但し

●例外

(1) 次の語は、次に示すように送る。
明くる　大いに　直ちに　並びに
若しくは

(2) 次の語は、送り仮名を付けない。
又

(3) 次のように、他の語を含む語は、含まれている語の送り仮名の付け方によって送る。（含まれている語を〔　〕の中に示す）

例 併せて〔併せる〕
至って〔至る〕
恐らく〔恐れる〕
従って〔従う〕
絶えず〔絶える〕
例えば〔例える〕
努めて〔努める〕
辛うじて〔辛い〕
少なくとも〔少ない〕
互いに〔互い〕
必ずしも〔必ず〕

●漢字

使い方を間違えやすい「異字同訓」の漢字

※別々の漢字で、同じ訓読みをする漢字がある。ここではそれぞれの用例を挙げる。意味も異なっているので、使い方を間違えないようにしたい。(ここに挙げた漢字には、常用漢字表外のものも含まれている)

【あ行】

あう

合う…計算が合う。目が合う。服が体に合う。好みに合う。割に合わない仕事。駅で落ち合う。

会う…客と会う時刻。人に会いに行く。

遭う…災難に遭う。にわか雨に遭う。

あがる・あげる

上がる・上げる…地位が上がる。物価が上がる。腕前を上げる。お祝いの品物を上げる。

揚がる・揚げる…花火が揚がる。歓声が揚がる。たこを揚げる。てんぷらを揚げる。

挙げる…例を挙げる。全力を挙げる。国を挙げて。犯人を挙げる。

あく・あける

明く・明ける…夜が明ける。

空く・空ける…席が空く。空き箱。家を空ける。時間を空ける。

開く・開ける…幕が開く。開いた口がふさがらない。店を開ける。窓を開ける。

あし

足…足の裏。手足。足しげく通う。客足。

脚…机の脚(足)。えり脚(足)。船脚(足)。

あたい

価…価が高くて買えない。商品に価を付ける。

値…そのものの持つ値。未知数xの値を求める。称賛に値する。

あたたかい・あたたかだ・あたたまる・あたためる

暖かい・暖かだ・暖まる・暖める…暖かな毛布。室内を暖める。

温かい・温かだ・温まる・温める…温かい料理。温かな家庭。心温まる話。スープを温める。

あたる・あてる

当たる・当てる…任に当たる。出発に当たって。胸に手を当てる。

充てる…建築費に充(当)てる。

宛てる…恩師に宛てて手紙を書く。

あつい

暑い…今年の夏は暑い。暑い部屋。暑がり屋。

熱い…熱い湯。

厚い…厚い壁で隔てる。支持者の層が厚い。手厚いもてなし。

篤い…病が篤い。

あと

跡…足の跡。苦心の跡が見える。容疑者の跡を追う。跡目を継ぐ。

後…後の祭り。後を頼んでいく。後か

ら行く。後になり先になり。
痕…傷痕が痛む。壁に残る弾丸の痕。

あぶら

油…油を流したような海面。ごまの油で揚げる。水と油。火に油を注ぐ。
脂…脂がのる年頃。牛肉の脂。脂ぎった顔。

あやしい

怪しい…挙動が怪しい。空模様が怪しい。
妖しい…妖しい魅力。妖しく輝く瞳。

あやまる

誤る…誤りを見つける。書き誤り。
謝る…謝って済ます。

あらい

荒い…波が荒い。気が荒い。金遣いが荒い。
粗い…網の目が粗い。きめが粗い。仕事が粗い。

あらわす・あらわれる

表す・表れる…言葉に表す。喜びを顔に表す。喜びの表れ。
現す・現れる…姿を現す。太陽が現れる。怪獣が現れる。
著す…書物を著す。
顕す…善行を世に顕す。後世に名を顕す。

ある

有る…財源が有る。子が有る。有り合わせ。有り金。有様。
在る…日本はアジアの東に在る。在り方。

あわせる

合わせる…手を合わせて拝む。時計を合わせる。調子を合わせる。力を合わせる。
併せる…二つの会社を併せる。両者を併せて考える。併せて健康を祈る。

いく

行く…電車で行く。
逝く…彼が逝って三年たつ。

いたむ・いためる

痛む・痛める…足が痛む。腰を痛める。
傷む・傷める…家が傷む。傷んだ果物。建物を傷める。
悼む…死を悼む。故人を悼む。
炒める…野菜を炒める。油で炒める。

うける

受ける…注文を受ける。命令を受ける。保護を受ける。相談を受ける。
請ける…請け負う。下請け。
承ける…前任者の業績を承けて尽力する。

うた

歌…歌を歌う。美しい歌声が響く。
唄…小唄の師匠。長唄を習う。馬子唄が聞こえる。

うつ

打つ…くぎを打つ。碁を打つ。電報を打つ。心を打つ話。打ち消す。
討つ…賊を討つ。義士の討ち入り。相手を討ち取る。
撃つ…鉄砲を撃つ。

うつす・うつる

写す・写る…書類を写す。写真を写す。風景を文章に写す。写真の中央に写っている人。
映す・映る…幻灯を映す。スクリーンに映す。壁に影が映る。鏡に姿が映る。

うむ
膿む…足の傷が膿む。

熟む…木に残った柿が熟んで甘くなった。

倦む…名人は倦むことなく努力して高い境地に達した。

うむ・うまれる
生む・生まれる…新記録を生む。傑作を生む。下町生まれ。京都に生まれる。

産む・産まれる…卵を産み付ける。産みの苦しみ。産み月。

うれい・うれえ
憂い・憂え…後顧の憂い（え）。災害を招く憂い（え）がある。

愁い…春の愁い。愁いに沈む。

える
得る…勝利を得る。許可を得る。得物を振り回す。

獲る…獲物をねらう。

おかす
犯す…過ちを犯す。法を犯す。

侵す…権利を侵（犯）す。国境を侵（犯）す。

冒す…危険を冒す。激しい雨を冒して行く。

おくる
送る…荷物を送る。卒業生を送る。順に席を送る。送り状。

贈る…お祝いの品を贈る。感謝状を贈る。故人に位を贈る。

おくれる
遅れる…完成が遅れる。列車が遅れる。会合に遅れる。

後れる…気後れする。人に後れを取る。後れ毛。

おこす・おこる
起こす・起こる…体を起こす。朝早く起こす。事件が起こる。持病が起こる。

興す・興る…産業を興す。国が興る。

熾す・熾る…火を熾す。炭火が熾る。

おさえる
押さえる…紙の端を押さえる。証拠を押さえる。要点を押さえる。差し押さえる。

抑える…物価の上昇を抑える。要求を抑える。怒りを抑える。

おさまる・おさめる
収まる・収める…博物館に収まる。争いが収まる。効果を収める。成功を収める。目録に収める。

納まる・納める…国庫に納まる。品物が納まった。税を納める。注文の品を納める。

治まる・治める…国内がよく治まる。痛みが治まる。領地を治める。

修まる・修める…身持ちが修まらない。学を修める。

おす
押す…ベルを押す。横車を押す。押し付けがましい。

推す…会長に推す。推して知るべしだ。

おそれる
恐れる…死を恐れる。報復を恐れて逃亡する。失敗を恐れるな。

畏れる…師を畏れ敬う。神を畏（恐）れる。畏（恐）れ多いお言葉。

おとす・おちる

落とす・落ちる…お金を落とす。屋根から落ちる。

墜とす・墜ちる…敵機を撃ち墜とす。飛行機が海に墜ちる。

堕ちる…地獄に堕ちる。

おどる

踊る…リズムに乗って踊る。踊らされて動く。盆踊り。踊り子。

躍る…馬が躍り上がる。小躍りして喜ぶ。胸が躍る。

おもて

表…裏と表。表で遊ぶ。表向き。

面…面を上げる。面を伏せる。矢面に立つ。

おりる・おろす

降りる・降ろす…電車を降りる。高所から飛び降りる。月面に降り立つ。霜が降りる。次の駅で降ろしてください。主役から降ろされた。

下りる・下ろす…幕が下りる。錠が下りる。枝を下ろす。貯金を下ろす。

卸す…小売りに卸す。卸値。棚卸し。

【か行】

かえす・かえる

返す・返る…もとの持ち主に返す。借金を返す。恩返し。貸した金が返る。正気に返る。返り咲き。

帰す・帰る…親もとへ帰す。故郷へ帰る。帰らぬ人となる。帰り道。

かえりみる

顧みる…過去を顧みる。顧みて他を言う。

省みる…自らを省みる。省みて恥じるところがない。

かえる・かわる

変える・変わる…形を変える。観点を変える。位置が変わる。心変わりする。声変わり。変わり種。

換える・換わる…名義を書き換える。車を乗り換える。土地が金に換わる。

替える・替わる…振り替える。替え歌。入れ替わる。社長が替わる。

代える・代わる…書面をもって挨拶に代える。父に代わって言う。身代わりになる。

かおる・かおり

薫る…風薫る。

香り…茶の香り。

かかる・かける

掛かる・掛ける…迷惑が掛かる。腰を掛ける。保険を掛ける。掛け売り。

懸かる・懸ける…月が中天に懸かる。優勝が懸かる。賞金を懸ける。命を懸ける。

架かる・架ける…橋が架かる。橋を架ける。電線を架ける。

係る…本件に係る訴訟。係り結び。受付係。

賭ける…大金を賭ける。

かく

書く…小説を書く。小さな字で書かれた本。

描く…油絵を描く。ノートに地図を描く。

かげ

陰…山の陰。陰の声。陰口を利く。

影…障子に影が映る。影を隠す。影も

形もない。影が薄い。

かける

駆ける…馬が草原を駆ける。

翔る…天馬空を翔る。天翔る。

かた

形…自由形。跡形もなく。

型…型にはまる。一九七〇年型。血液型。鋳型。

かたい

堅い…堅い材木。手堅い商売。

固い…団結が固い。固練り。頭が固い。固く信じる。

硬い…硬い石。硬い表現。

かわく

乾く…空気が乾く。干し物が乾く。乾いた土。

渇く…のどが渇く。渇きを覚える。

きく

聞く…物音を聞いた。話し声を聞く。うわさを聞く。聞き流しにする。

聴く…音楽を聴く。国民の声を聴く。

きく

効く…薬が効く。宣伝が効く。効き目がある。

利く…左手が利く。目が利く。機転が利く。

きる

切る…野菜を切る。期限を切る。電源を切る。縁を切る。

斬る…刀で斬（切）る。世相を斬（切）る。

きわまる・きわめる

窮まる・窮める…進退窮まる。真理を窮（究）める。

極まる・極める…不都合極まる言動。山頂を極める。栄華を極める。見極める。極めて優秀な成績。

究める…学を究（窮）める。

こう

請う…許可を請（乞）う。紹介を請（乞）う。

乞う…命乞いをする。雨乞いの儀式。

こえる・こす

越える・越す…山を越える。峠を越す。年を越す。引っ越す。

超える・超す…現代を超（越）える。百万円を超（越）える額。一千万人を超（越）す人口。

こおる・こおり

凍る…湖水が凍る。土が凍る。

氷…氷が張った。氷をかく。氷砂糖。

こたえる

答える…質問に答える。正確に答える。

応える…期待に応える。時代の要請に応える。

こむ

混む…電車が混（込）む。混（込）み合う店内。人混（込）みを避ける。

込む…負けが込む。手の込んだ細工を施す。仕事が立て込む。

【さ行】

さがす

捜す…うちの中を捜す。犯人を捜す。

探す…空き家を探（捜）す。あらを探（捜）す。

さく

裂く…布を裂く。仲を裂く。引き裂く。

割く…時間を割く。紙面を割く。人手を割く。

さげる

下げる…値段を下げる。軒に下げる。

提げる…手に提げる。手提げかばん。

さす

差す…腰に刀を差す。傘を差す。差しつ差されつ。行司の差し違え。抜き差しならぬ。差し支え。差し出す。

指す…目的地を指して進む。名指しをする。指し示す。

刺す…人を刺す。布を刺す。本塁で刺される。とげが刺さる。

挿す…花を花瓶に挿す。挿し木。挿絵。

さます・さめる

覚ます・覚める…太平の眠りを覚ます。迷いを覚ます。目が覚める。寝覚めが悪い。

冷ます・冷める…湯冷まし。湯が冷める。料理が冷める。熱が冷める。

醒ます・醒める…心の迷いから目を醒ます。先生の叱責で目が醒める。

褪める…着物の色が褪める。

しずまる・しずめる

静まる・静める…心が静まる。あらしが静まる。気を静める。

鎮まる・鎮める…内乱が鎮まる。反乱を鎮める。痛みを鎮める。

沈める…船を沈める。

しぼる

絞る…手ぬぐいを絞る。絞り染め。

搾る…乳を搾る。搾り取る。

しまる・しめる

締まる・締める…ひもが締まる。引き締まった顔。帯を締める。ねじを締める。心を引き締める。申し込みの締め切り。

絞まる・絞める…首が絞まる。首を絞める。

閉まる・閉める…戸が閉まる。ふたを閉める。店を閉める。

すすめる

進める…前へ進める。時計を進める。交渉を進める。

勧める…入会を勧める。転地を勧める。

薦める…候補者として薦める。

する

刷る…名刺を刷る。刷り物。

擦る…転んでひざを擦りむく。擦り傷。洋服が擦り切れる。

掏る…電車で客の財布を掏る。

擂る…胡麻を擂る。擂り鉢。

そう

沿う…川沿いの道。線路に沿って歩く。

添う…連れ添う。付き添い。

そなえる・そなわる

備える・備わる…台風に備える。調度品を備える。必要品はすべて備わっている。人徳が備わる。

供える…お神酒《みき》を供える。お供え物。

【た行】

たえる

堪える…任に堪える。鑑賞に堪えない。遺憾に堪えない。

耐える…重圧に耐（堪）える。風雪に耐（堪）える。欠乏に耐（堪）える。

絶える…遭難機からの通信が絶える。

音信が絶える。家系が絶える。

たずねる

尋ねる…道を尋ねる。由来を尋ねる。尋ね人。

訪ねる…知人を訪ねる。史跡を訪ねる。明日お訪ねします。

訊ねる…被告に訊ねる。警察に訊ねられる。

たたかう

戦う…敵と戦う。

闘う…病魔と闘う。自然の猛威と闘う。

たつ

断つ…退路を断つ。快刀乱麻を断つ。茶断ち。

絶つ…命を絶つ。縁を絶つ。消息を絶つ。後を絶たない。

裁つ…生地を裁つ。紙を裁つ。裁ちばさみ。

たつ・たてる

立つ・立てる…演壇に立つ。席を立つ。使者に立つ。危機に立つ。見通しが立つ。立ち合う。うわさが立つ。柱を立てる。計画を立てる。手柄を立てる。顔を立てる。立て直す。

建つ・建てる…家が建つ。ビルを建てる。銅像を建てる。建て前。

たっとい・とうとい

尊い…尊い神。尊い犠牲を払う。

貴い…貴い資料。貴い経験。

たのむ

頼む…仕事を頼む。将来のことを頼む。

恃む…おのれを恃む。

つかう

使う…機械を使う。重油を使う。

遣う…気遣う。心遣い。小遣い銭。仮名遣い。

つく・つける

付く・付ける…墨が顔に付く。味方に付く。利息が付く。名を付ける。気を付ける。条件を付ける。付け加える。

着く・着ける…席に着く。手紙が着く。東京に着く。船を岸に着ける。仕事に手を着ける。衣服を身に着ける。

就く・就ける…床に就く。職に就く。役に就ける。

つぐ

次ぐ…事件が相次ぐ。取り次ぐ。次の間。

継ぐ…布を継ぐ。跡を継ぐ。引き継ぐ。継ぎ目。継ぎを当てる。

接ぐ…木を接ぐ。骨を接ぐ。接ぎ木。

つくる

作る…米を作る。規則を作る。小説を作る。まぐろを刺身に作る。生け作り。

造る…船を造る。庭園を造る。酒を造る。

創る…新しい文化を創（作）る。画期的な商品を創（作）り出す。

つつしむ

慎む…身を慎む。酒を慎む。言葉を慎む。

謹む…謹んで聞く。謹んで祝意を表する。

つとまる・つとめる

努める…完成に努める。解決に努める。努めて早起きする。

勤まる・勤める…私にはこの会社は勤

まらない。彼にも十分勤（務）まる仕事だ。銀行に勤める。勤め人。

務まる・務める…彼には主役は務まらないだろう。会長が務まるかどうか不安だ。議長を務める。主役を務める。

とく・とける

解く・解ける…結び目を解く。包囲を解く。問題を解く。会長の任を解かれる。ひもが解ける。雪解け。疑いが解ける。

溶く・溶ける…絵の具を溶く。砂糖が水に溶ける。地域社会に溶け込む。

ととのう・ととのえる

整う・整える…整った文章。隊列を整える。身辺を整える。調子を整える。

調う・調える…嫁入り道具が調う。晴れ着を調える。味を調える。費用を調える。

とぶ

飛ぶ…鳥が空を飛ぶ。アフリカに飛ぶ。うわさが飛ぶ。海に飛び込む。家を飛び出す。

跳ぶ…溝を跳ぶ。三段跳び。跳びはねる。

とまる・とめる

止まる・止める…交通が止まる。水道が止まる。笑いが止まらない。息を止める。通行止め。

留まる・留める…小鳥が木の枝に留（止）まる。ボタンを留める。留め置く。書留。

泊まる・泊める…船が港に泊まる。宿直室に泊まる。友達を家に泊める。

停まる・停める…電車が駅に停（止）まる。車を玄関に停（止）める。

とらえる

捕らえる…犯人を捕らえる。獲物の捕らえ方。

捉える…文章の要点を捉える。問題の捉え方が難しい。

とる

取る…手に取る。着物の汚れを取る。資格を取る。メモを取る。連絡を取る。年を取る。

採る…血を採る。高校の卒業生を採る。会議で決を採る。

執る…筆を執る。事務を執る。式を執り行う。

捕る…ねずみを捕る。生け捕る。捕り物。

撮る…写真を撮る。映画を撮る。

【な行】

ない

無い…金が無い。無い物ねだり。

亡い…長老が亡くなる。この世に亡い人をしのぶ。

なおす・なおる

直す・直る…誤りを直す。機械を直す。服装を直す。故障を直す。ゆがみが直る。

治す・治る…風邪を治（直）す。けがが治（直）る。治（直）らない病気。

ならう

習う…先生にピアノを習う。見習う。

倣う…前例に倣う。

におい・におう
匂い・匂う…梅の花の匂い。香水がほのかに匂う。
臭い・臭う…魚の腐った臭い。生ごみが臭う。
のせる・のる
乗せる・乗る…母を飛行機に乗せて帰す。電波に乗せる。計略に乗せる。電車に乗る。馬に乗る。風に乗って飛ぶ。時流に乗る。相談に乗る。
載せる・載る…自動車に貨物を載せる。棚に本を載せる。雑誌に広告を載せる。机に載っている辞典。新聞に載った事件。
のばす・のびる・のべる
伸ばす・伸びる・伸べる…手足を伸ばす。勢力を伸ばす。草が伸びる。身長が伸びる。学力が伸びる。伸び伸びと育つ。手を伸べて助け起こす。救いの手を伸べる。
延ばす・延びる・延べる…出発を延ばす。開会を延ばす。地下鉄が郊外まで延びる。寿命が延びる。支払いが延び延びになる。出発の期日を延べる。布団を延べる。金の延べ棒。
のぼる
上る…水銀柱が上る。損害が一億円に上る。川を上る。坂を上る。上り列車。
登る…山に登る。木に登る。演壇に登る。
昇る…日が昇（上）る。天に昇（上）る。

【は行】

はえ・はえる
映え・映える…夕映え。紅葉が夕日に映える。

栄え・栄える…栄えある勝利。見事な出来栄え。見栄えがする。受賞に栄える。

はかる
図る…合理化を図る。解決を図る。便宜を図る。

計る…時間を計る。計り知れない恩恵。まんまと計られる。

測る…水深を測る。標高を測る。距離を測る。面積を測る。

量る…目方を量る。升で量る。容積を量る。

謀る…暗殺を謀る。悪事を謀る。

諮る…審議会に諮る。

はじまる・はじめ・はじめて・はじめる
初め・初めて…初めこう思った。初めての経験。

始まる・始め・始める…会が始まる。始めと終わり。御用始め。仕事を始める。

はなす・はなれる・はなつ
離す・離れる…間を離す。駅から遠く離れた町。離れ島。職を離れる。離れ離れになる。

放す・放れる・放つ…鳥を放す。見放す。放し飼い。放れ馬。矢を放つ。

はやい
早い…時期が早い。気が早い。早く起きる。早変わり。早口。矢継ぎ早。

速い…流れが速い。投手の球が速い。頭の回転が速い。車の速さ。

はる

張る…氷が張る。テントを張る。張りのある声。

貼る…ポスターを貼る。切手を貼り付ける。タイル貼（張）り。

ひく

引く…綱を引く。線を引く。例を引く。車を引く。

弾く…ピアノを弾く。ショパンの曲を弾く。

ふえる・ふやす

殖える・殖やす…財産が殖える。財産を殖やす。

増える・増やす…人数が増える。水かさが増える。人数を増やす。

ふく

吹く…風が吹く。笛を吹く。

噴く…火を噴き出す。火山が煙を噴く。

ふける

更ける…夜が更ける。秋が更ける。

老ける…老けて見える。老け込む。

ふね

舟…舟をこぐ。小舟。笹舟。

船…船の甲板。船で帰国する。船旅。

ふるう

振るう…士気が振るう。事業が振るわない。刀を振るう。

震う…声を震わせる。身震い。武者震い。

奮う…勇気を奮って立ち向かう。奮って参加する。奮い立つ。

ほか

外…思いの外に到着が早かった。想像の外の事件が起こる。

他…この他に用意するものはあるか。他の人にも尋ねる。

【ま行】

まざる・まじる・まぜる

交ざる・交じる・交ぜる…麻が交ざっている。漢字仮名交じり文。交ぜ織り。

混ざる・混じる・混ぜる…水が混ざる。異物が混じる。雑音が混じる。砂を混ぜる。絵の具を混ぜる。

まわり

回り…身の回り。胴回り。

周り…学校の周り。周りの人。

みる

見る…景色を見る。エンジンの調子を見る。面倒を見る。

診る…患者を診る。脈を診る。

観る…野球の試合を観る。頂上から絶景を観る。昆虫の生態を観る。

もと

下…法の下に平等。一撃の下に倒した。

元…火の元。出版元。元が掛かる。

本…本を正す。本と末。

基…資料を基にする。基づく。

【や～わ行】

やぶる・やぶれる

破る・破れる…約束を破る。障子が破れる。平和が破れる。

敗れる…競技に敗れる。勝負に敗れる。

漢字

やわらかい・やわらかだ

柔らかい・柔らかだ…柔らかい毛布。身のこなしが柔らかだ。もの柔らかな態度。

軟らかい・軟らかだ…表情が軟（柔）らかい。軟（柔）らかな土。

よい

良い…品質が良い。成績が良い。手際が良い。

善い…善い行い。世の中のために善いことをする。

よむ

読む…本を読む。字を読む。人の心を読む。秒読み。

詠む…和歌を詠む。一首詠む。

わかれる

分かれる…二つに分かれる。意見が分かれる。勝敗の分かれ目。

別れる…両親と別れる。友人と駅で別れる。家族と別れて住む。

わく

湧く…裏山で清水が湧く。温泉が湧く。砂漠で石油が湧く。勇気が湧く。

沸く…お湯が沸く。スタンドが勝利に沸く。

わざ

業…至難の業。離れ業。軽業。

技…柔道の技。技を磨く。

わずらう・わずらわす

煩う・煩わす…思い煩う。人手を煩わす。心を煩わす。

患う…胸を患う。三年ほど患う。

字形が似ている漢字の使い分け

※常用漢字とよく使う表外漢字の中で、字形が似ていて間違えやすいものを集め、用例を掲げた。

【ア行】

アイ・ダン

曖　かげってくらい。
　曖昧・曖昧模糊

暖　あたたかい。
　温暖・暖流・暖気・暖冬・暖房・暖炉

イ・ケン

遺（イ・ユイ）　のこす。のこる。
　遺跡・後遺症・遺言（ゆいごん）

遣（ケン）　使いとして出す。
　派遣・分遣・遣唐使

イ・キ／コ・シ

已　すでに終わっている。
　已然

己　おのれ。自分。
　克己・知己・自己

巳　十二支の六番目。み。
　上巳

エン・ロク・リョク

縁　へり。家の外側の板敷。善い結果を生む作用。人と人とのつながり。かかわりあい。
　外縁・縁側・因縁・縁起・縁故・縁日・血縁・縁談・離縁

録　書き記す。うつしとる。書きもの。
　記録・登録・録画・録音・実録・目録・備忘録

緑　みどり色。茂った草木。
　緑茶・緑陰・新緑・緑青（ろくしょう）

エン・テイ

延　のばす。のびる。
　延長・延期・順延

廷　政治を行うところ。裁判をするところ。
　朝廷・法廷

【カ行】

カ

渦　うず。
　渦中・渦潮・渦巻

禍　わざわい。
　災禍・禍根・禍福

過　すぎる。度がすぎる。あやまち。
　過失・過大・過去・経過

カイ

懐　ふところ。心に思うこと。なつかしく思う。手なづける。
　懐中・懐炉・懐疑・述懐・懐古・懐旧・懐柔

壊　こわす。こわれる。くずす。くずれる。
　破壊・壊滅・損壊・壊死（えし）

ガイ
慨　いきどおる。なげく。
憤慨・慨嘆・感慨
概　大体のところ。様子。
概説・概念・大概・概して・気概
漑　そそぐ。
灌漑

カク
獲　動物を捕らえる。手に入れる。
捕獲・乱獲・獲得
穫　植物を刈り取る。取り入れる。
収穫

カク・コク
殼（カク・から）表面の固いから。
卵殻・地殻・貝殻（かいがら）
穀（コク）実を食べる植物。
穀物・米穀・五穀・雑穀

カツ
活　生きる。勢いよく動く。
生活・活動・活用・活力
括　しめくくる。まとめる。
一括・総括・括弧

カツ・ケイ
渇　のどがかわく。水がなくなる。
渇望・渇水・枯渇
喝　大声をあげる。大声でおどす。
喝采・喝破・恐喝・一喝
掲　高くあげる。
掲示・掲揚・掲載・前掲

カン
観　見る。見せる。見た目。見解。見方。
参観・観光・展観・観兵式・外観・壮観・楽観・価値観
勧　すすめる。はげます。
勧誘・勧告・勧奨
歓　よろこぶ。
歓声・歓迎・交歓・歓呼

カン
監　見張る。取り締まる。そういう役目。ろうや。
監視・監督・舎監・監房・未決監
鑑　かがみ。手本。見きわめる。
図鑑・鑑賞・鑑定・印鑑
艦　いくさをする船。
軍艦・艦隊・艦長

カン
喚　大声で叫ぶ。呼び出す。
喚声・阿鼻叫喚・召喚・喚問
換　かえる。とりかえる。
交換・換気・換骨奪胎
煥　はっきりとかがやく。
才気煥発

カン
管　くだ。筆の軸。くだを使った楽器。支配する。
血管・管見・彩管・木管楽器・管理・所管・管轄
菅　草の名。すげ。
菅笠（すげがさ）

キ・ボウ
忌　きらいさける。喪中でつつしむ期間。死者の命日。
忌避・忌中・三回忌
忘　わすれる。
忘却・忘我・備忘録

ケン

険　けわしい。あぶない。腹黒い。
　険路・危険・保険・冒険・陰険

検　取り調べる。取り締まる。
　検査・点検・検挙・検束

倹　節約する。
　倹約・節倹・勤倹

験　しるし。調べる。こころみ。
　効験・試験・実験・霊験（れいげん）

剣　武器の一つ。
　剣道・剣術・真剣勝負

コ

孤　ただ一人である。同類がない。
　孤立・孤独・孤島・孤高

弧　弓のような形。
　括弧・円弧・弧状

狐　動物のきつね。
　狐狸・狐疑

ゴ

誤　間違える。あやまる。
　誤解・正誤表・誤答

娯　たのしむ。
　娯楽

コウ

考　かんがえる。考え調べたことを述べる。
　思考・考慮・参考・考究・論考

孝　父母につかえる。父母を大事にする。
　孝行・不孝・忠孝・孝養

コウ

侯　封建時代の地域の支配者。
　王侯貴族

候　うかがう。つかえる。待ち迎える。しるし。季節。
　斥候・伺候・候補・徴候・天候・気候・時候・候鳥

コウ

講　述べる。習う。仲直りする。
　講話・講義・講習・講和

構　組み合わせて作る。かまえ。かこい。
　構造・構築・構成・虚構・構内・機構

購　買う。
　購入・購買

溝　みぞ。用水路。
　溝渠・排水溝・海溝

コウ・モウ

綱　つな。根本のきまり。
　要綱・大綱・綱領

鋼　きたえた鉄。はがね。
　鋼鉄・鋼材・製鋼

網　あみ。網の目のような組織。
　魚網・法網・網羅・鉄条網・連絡網・通信網

コン

墾　荒れ地をたがやし開く。
　開墾

懇　ねんごろ。親しい。
　懇意・懇切・懇談・昵懇（じっこん）

【サ行】

サイ・ザイ・セイ

済　すむ。すます。救う。助ける。そろって盛んである。

決済・返済・救済・経済・多士済済（せいせい）

斉（セイ）　そろう。そろえる。ととのう。
一斉・斉唱・均斉・修身斉家

斎　神仏を祭るとき、身体を清く保つ。仏事のときの食事。ものいみのときこもる部屋。
斎戒沐浴・精進潔斎・斎食・書斎

剤　薬を調合する。調合した薬。
調剤・配剤・薬剤・強心剤

サイ

裁　さばく。布を形に切る。かたち。
裁判・裁決・裁量・制裁・決裁・裁縫・裁断・和裁・体裁

栽　植える。植えたところ。
栽培・植栽・盆栽・前栽（せんざい）

シ・ニン

仕　つかえる。官職に就く。
仕官・出仕・奉仕・給仕・仕事

任　まかせる。役につける。役目。自由にさせる。
任命・主任・責任・辞任・放任・任意

ジュク・ネツ

熟　よく煮る。よく実る。よくなれる。十分にする。
半熟・成熟・早熟・熟柿・円熟・習熟・熟練・熟読

熱　あつい。温度を上げる力。体温。集中する。
熱帯・焦熱・加熱・耐熱・熱量・平熱・発熱・高熱・熱心・熱中・熱演

ショ

緒　細いひも。いとぐち。はじめ。はし。
緒言・緒戦・端緒・一緒

諸　もろもろ。多くの。
諸国・諸般・諸問題

ジョ

徐　ゆっくり。静か。
徐行・徐々に

除　のぞく。捨て去る。割り算。
除外・排除・除去・控除・除法・加減乗除・掃除（そうじ）

ジョウ

壌　こえた土。大地。
土壌・天壌無窮

嬢　未婚の女。むすめ。
令嬢・愛嬢・お嬢様

醸　酒をつくる。
醸造・醸成・吟醸

譲　ひかえめにする。ゆずる。
謙譲・譲歩・譲位・譲渡・分譲・禅譲

ショク

植　草木をうえる。開拓のため人を移住させる。活字を版に組む。
植樹・植物・移植・植民・入植・植字・誤植

殖　ふえる。ふやす。開拓のため移住させる。
生殖・養殖・殖産・学殖・拓殖

シン

侵　おかす。他人の領分に入り込む。
侵攻・侵略・侵入・侵害・不可

侵

浸　ひたす。ひたる。しみこむ。
浸水・浸潤・浸透

スイ

吹　ふく。吹き鳴らす。
吹奏楽・鼓吹・吹聴（ふいちょう）

炊　にたきする。
炊事・炊飯・自炊・雑炊

スイ・アイ・チュウ

衰　おとろえる。
衰退・衰弱・老衰・盛衰

哀　あわれむ。苦しい気持ちを表す。
哀悼・悲哀・哀歌・哀願・哀訴

衷　かたよらない。まごころ。
折衷・衷心・苦衷

スイ・わく

粋　まじりけがない。すぐれたもの。人情に通じ物分かりがよい。
純粋・生粋・抜粋・粋人・無粋

枠　わく。周りの骨組み。
外枠・枠組み

スイ・チク

遂　やりとげる。
遂行・完遂・殺人未遂

逐　追い払う。追いかける。順を追う。
放逐・駆逐・角逐・逐電・逐一・逐次・逐語訳

スイ

睡　眠る。眠い。
睡眠・睡魔・熟睡・午睡

錘　おもり。おもし。糸をつむぐ道具。
鉛錘・紡錘

ズイ

随　したがう。思いどおりになる。
随行・随伴・追随・随意・随筆

髄　骨の中の成分。中枢神経。中心。
骨髄・脊髄・脳髄・真髄・精髄

セイ

姓　一族。氏。苗字（みょうじ）。
姓名・旧姓・百姓

性　うまれつき。物事の傾向。男女・雌雄の区別。
性質・性格・天性・根性（こんじょう）

牲　いけにえ。
犠牲

セイ

清　すんでいる。きよらか。さっぱりしている。きれいにする。
清流・百年河清を俟《ま》つ・清酒・清純・清貧・清浄・清涼・清書・清算・粛清

晴　空が晴れる。
晴天・快晴・晴雨

精　米をついて白くする。こまかい。まじりけがない。元気。たましい。
精米・精白・精読・精通・精鋭・精髄・酒精・精勤・精神・精霊・妖精・精進（しょうじん）

請　願い求める。
請求・申請・請願・懇請・勧請（かんじょう）・普請（ふしん）

情　心の動き。気持ち。なさけ。ありさま。あじわい。

感情・情熱・情緒・同情・薄情・人情・情事・強情・情況・事情・情趣・旅情・風情（ふぜい）

セキ

績　つむぐ。しごと。
紡績・事績・業績・実績・成績・功績

積　つむ。つもる。広さ。大きさ。
積載・累積・蓄積・堆積・面積・体積

ソ

祖　親の前の代。物事を始めた人。
祖父・祖母・祖国・祖先・元祖・開祖

租　年貢。税金。借りる。
租税・地租・租借・租界

粗　あらい。雑である。いいかげんだ。
粗雑・粗食・粗茶

組　組みひも。組み立てる。編成する。
組織・組閣・改組

阻　山が険しい。へだてる。はばむ。
険阻・阻害・阻止・阻隔

狙　ねらう。
狙撃

詛　のろう。
呪詛

咀　かみくだく。
咀嚼

ソウ

挿　さしはさむ。さし入れる。
挿入・挿話

捜　さがす。さぐる。
捜査・捜索

ソウ

燥　かわく。
乾燥・焦燥

操　あやつる。みさお。
操舵・操縦・操業・体操・節操・貞操

噪　さわぐ。やかましい。
喧噪・蛙鳴蟬噪（あめいせんそう）

躁　あわただしい。さわがしい。
躁鬱・狂躁・焦躁

ソウ・ゾウ

僧　仏教の僧。
僧侶・尼僧

増　ふえる。ます。
増加・増大・増産・倍増・増減

憎　にくむ。
憎悪・愛憎

贈　おくる。
贈与・贈呈・寄贈

ソク

則　きまり。のっとる。
法則・規則・反則・則天去私

測　はかる。おしはかる。
測定・測量・観測・推測・憶測

側　かたわら。そば。そばだてる。
側面・側近・側室・側壁・側目・側聞

ソツ

卒　下級の兵士。突然。おわる。
兵卒・弱卒・卒然・卒倒・卒去・卒業

率　ひきいる。あわただしい。かざ

りけがない。わりあい。
引率・統率・率先・軽率・率直・確率・能率

【タ・ナ行】

ダイ・バツ

代　かわる。ひきかえ。あたい。時期。
交代・代理・代金・地代・世代・時代

伐　木を切る。敵を討つ。
伐採・乱伐・征伐・討伐

タク・ヤク・ヨウ

濯　洗い清める。
洗濯

躍　おどりあがる。勢いよく動く。
活躍・躍進・躍動

曜　週の中の日。
曜日

チョウ

挑　いどむ。しかける。
挑戦・挑発

眺　ながめる。
眺望

跳　とぶ。はねる。
跳躍・跳梁・跳馬

チョウ

張　はり広げる。言いはる。
拡張・張力・緊張・主張・誇張

帳　とばり。書き込み用の冊子。
几帳・帳面・記帳・帳簿

脹　ふくれる・ふくらむ。
膨脹

チョウ・ビ

徴　しるし。呼び出す。取り立てる。きざし。
特徴・象徴・徴候・徴兵・徴集・徴税・徴収

微　細かい。かすか。わずか。ひそか。おとろえる。
微細・微小・微生物・微力・微妙・微笑・衰微

トウ

謄　うつす。
謄本・謄写版

騰　高く上がる。
騰貴・高騰・沸騰

ドン・ヒン

貪　むさぼる。欲深い。
貪欲・貪婪（どんらん）・慳貪（けんどん）

貧　まずしい。とぼしい。
貧富・貧困・貧窮・赤貧・貧血・貧弱・貧相・貧乏（びんぼう）

ノウ

脳　頭の中の神経の中枢部。頭の働き。主な人。
大脳・脳髄・脳腫瘍・脳裏・洗脳・首脳

悩　なやむ。
苦悩・悩殺・煩悩（ぼんのう）

【ハ行】

ハ

波　なみ。波のような動き。
波動・電波・音波・脳波・波止

場

破　やぶる・やぶれる。だめになる。相手を負かす。きまりからはずれる。突き抜ける。
破壊・破棄・破談・破産・論破・撃破・破格・破戒・破門・突破・読破

ハイ

俳　芸をする人。たわむれ。
俳優・俳句・俳諧

排　押し開く。押しのける。押し出す。並べる。
排除・排斥・排水・排泄・排列

バイ

倍　同じ数を合わせる。同じ数を何回か加える。
倍加・倍増・倍旧・倍率・倍数

陪　つきそう。
陪席・陪審

賠　つぐなう。
賠償

培　草木を養い育てる。
培養・栽培

ハク

拍　手で打つ。音楽の強弱。
拍手・拍車・拍子（ひょうし）

伯　父母の兄、姉。一芸に長ずる人。
伯父・伯母・画伯

泊　とめる・とまる。
宿泊・外泊・停泊

舶　大型の船。
舶来・船舶

ハン

板　いた。ひらたい。
合板・鉄板・看板・投手板・平板

版　文字を書く板。印刷のために字を彫る板。印刷して本を作る。
活版・版画・出版・版権

販　あきなう。
販売・市販・販路

坂　さか。
登坂・急坂

叛　さからう。そむく。
叛乱・叛逆・叛徒・謀叛（むほん）

ハン

伴　ともなう。
同伴・伴侶・伴奏（ばんそう）

畔　田のあぜ。水のほとり。
湖畔・河畔

判　見分ける。さばき。しるし。明らか。
判断・判定・判別・公判・判例・血判・判明・判然・裁判（さいばん）

ハン

般　めぐる。同等の事柄。
先般・過般・一般・諸般

搬　はこぶ。
運搬・搬入

ハン・ヒン

煩　わずらわしい。なやむ。
煩瑣（はんさ）・煩雑・煩悶（はんもん）・煩悩（ぼんのう）

頒　分け与える。
頒布・頒価

頻　しきり。
頻繁・頻発・頻度

瀕 せまる。
瀕死

ヒ

披 ひらく。ひろめる。
披露・披瀝

被 おおう。着る。こうむる。
被覆・被膜・被服・被害・被災

ヒ・ヒツ

秘 かくす。奥深い。通じが悪い。
秘密・秘策・秘書・極秘・神秘・便秘

泌 液体がしみ出る。
泌尿器・分泌

フク

福 さいわい。
幸福・福音・祝福

副 主なものに付き添って補助となる。付け加わる。
副業・副産物・副作用

幅 はば。
幅員・振幅・全幅・恰幅

フク

複 かさねる。ふたたびする。
複線・複数・複雑・複写・複製

腹 身体のはら。中ほど。心の中。ふところ。
腹部・空腹・山腹・中腹・腹案・立腹・私腹・船腹

復 もとにもどる。仕返しする。こたえる。くり返す。
復元・復活・回復・復旧・往復・報復・復命・拝復

フン

粉 こな。こなにする。
粉末・花粉・製粉・粉砕・粉骨砕身・粉飾

紛 入り乱れる。まぎれる。まぎらわしい。
紛争・紛糾・内紛・紛失

フン

噴 ふきだす。
噴出・噴火・噴水・噴射・噴霧器

憤 強く怒る。ふるい立つ。
憤慨・憤怒・痛憤・発憤

墳 土を盛った墓。
墳墓・古墳

ヘイ

幣 神前に供える布・紙。通貨。おさつ。
御幣・貨幣・紙幣

弊 破れる。疲れる。よくない。謙遜の接頭語。
弊衣破帽・疲弊・弊害・旧弊・語弊・弊社・弊店

ヘキ

壁 かべ。がけ。とりで。
壁面・壁画・胃壁・岸壁・絶壁・城壁・鉄壁

璧 たま。すぐれたもの。
完璧・双璧

ヘン

編 あむ。書きつづる。組み合わせる。
編集・編成・編入・編曲

偏 かたよる。
偏向・偏見・不偏

遍 広くいきわたる。
普遍・遍歴

ホ

捕　とらえる。
逮捕・捕縛・捕獲・捕鯨

補　おぎなう。たすける。
補欠・補充・増補・補助・補聴器・候補・警部補

舗　みせ。しき並べる。
店舗・舗装・舗道

ボ

募　広く求め集める。
募集・募金・公募・応募

慕　したう。思いを寄せる。
思慕・敬慕・恋慕・慕情

墓　はか。
墓地・墓所・墳墓・墓穴

暮　日暮れ。季節の終わり。
薄暮・暮色・歳暮・暮春

ボウ

坊　僧。僧の住居。男の幼児。人を親しんで呼ぶ語。
坊主・僧坊・宿坊・風来坊・朝寝坊

妨　さまたげる。じゃまする。
妨害

防　つつみ。ふせぐ。
堤防・防衛・防水・消防・防御

紡　つむぐ。
紡績・混紡

肪　肉のあぶら。
脂肪

ボク

僕　他人に使われる男。男が自分を言う語。
僕・公僕

撲　なぐる。
打撲・撲殺

【マ行】

マ

麻　植物のあさ。しびれる。
大麻・胡麻・麻痺・麻酔・麻薬

摩　こする。みがく。とどく。
摩擦・按摩・研摩・摩天楼

磨　みがく。すりへらす。
研磨・切磋琢磨・磨滅

マツ

末　すえ。最後。つまらないもの。細かい粉。
始末・期末・末尾・末席・末裔（まつえい）・末流・末寺・瑣末・粗末・枝葉末節・粉末

抹　なでる。ぬり消す。粉にする。
塗抹・一抹・抹消・抹殺・抹茶・抹香

沫　水の細かいしぶき。
水沫・飛沫・泡沫

マン

漫　ひろがる。とりとめがない。
漫漫・爛漫・散漫・漫然・漫談・漫画

慢　おこたる。おごりたかぶる。ゆるやか。
怠慢・自慢・慢心・傲慢・緩慢・慢性

【ヤ・ラ行】

ユ・リン・ロン

愉　たのしい。
愉快・愉悦

喩　たとえる。
比喩・引喩・隠喩

輸　はこぶ。
輸送・運輸・輸血

輪　車の輪。くるま。物のまわり。回る。花の大きさ。
車輪・年輪・競輪・輪禍・駐輪・輪郭・輪番・輪廻（りんね）・大輪

倫　人として守るべきみち。
倫理・人倫・不倫

論　筋道だてて述べる。言い争う。意見。
議論・理論・論証・口論・激論・試論・私論・正論・唯物論

レツ

烈　はげしい。節操が固くて、強く正しい。
烈火・激烈・猛烈・烈士・忠烈

裂　さく。さける。
破裂・決裂・亀裂

レン

練　ねる。きたえる。上手になる。
練習・訓練・修練・熟練・練達

錬　ねりきたえる。
鍛錬・精錬・錬金術・錬磨・錬成・修錬

煉　ねり固める。
煉瓦・煉炭

漢字

難読漢字

＊日常生活で読み書きする可能性のある難読漢字、新聞・雑誌でよく用いられる難読漢字を集め、主な音訓と用例を示した（常用漢字を含む）。

漢字	音訓	語例
痾	ア	宿痾
埃	アイ ほこり	塵埃 埃
挨	アイ	挨拶
曖	アイ	曖昧
齷	アク	齷齪
軋	アツ	軋轢
斡	アツ	斡旋
庵	アン いおり	草庵　庵主　庵室 庵
鞍	アン くら	鞍馬　鞍上　鞍部 鞍
闇	アン やみ	闇黒 闇夜　宵闇
畏	イ かしこまる	畏敬　畏怖　畏友 畏まる
惟	イ・ユイ	思惟
萎	イ なえる	萎縮 萎える
彙	イ	語彙　彙報
縊	イ	縊死
郁	イク	馥郁
粥	かゆ	芋粥　朝粥
溢	イツ あふれる	脳溢血 溢れる
咽	イン・エツ むせぶ	咽喉　咽頭　嗚咽（おえつ） 咽ぶ　咽び泣き
胤	イン	落胤
淫	イン みだら	淫行　姦淫 淫ら
隕	イン	隕石
慇	イン	慇懃無礼（いんぎんぶれい）
迂	ウ	迂回　迂遠　迂闊
盂	ウ	盂蘭盆（うらぼん）　腎盂炎
紆	ウ	紆余曲折（うよきょくせつ）
烏	ウ・オ からす	烏合　烏有　烏滸（おこ） 烏
鬱	ウツ	陰鬱　憂鬱　沈鬱　鬱蒼
吽	ウン	阿吽
蘊	ウン	蘊蓄　蘊奥
曳	エイ ひく	曳航　揺曳　曳光弾 曳く　曳き船
叡	エイ	叡智
霙	みぞれ	霙
嬰	エイ	嬰児　退嬰
翳	エイ かげる	陰翳　暗翳 翳る
繹	エキ	演繹
宛	エン あてる	宛然 宛名　宛先
苑	エン	御苑　禁苑
怨	エン・オン うらむ	怨恨　私怨　怨念　怨霊 怨む
冤	エン	冤罪
捐	エン	義捐金
婉	エン	婉曲
掩	エン	掩蔽　掩護
焉	エン	終焉
堰	エン	堰堤
媛	エン	才媛
淵	エン ふち	深淵　淵源 淵瀬

焔	エン	火焔放射器
	ほのお	焔
筵	エン	講筵
	むしろ	筵
厭	エン	厭世　厭戦
閻	エン	閻魔大王
艶	エン	妖艶　艶書　艶聞
	つや	色艶
嗚	オ	嗚咽
旺	オウ	旺盛
嘔	オウ	嘔吐
謳	オウ	謳歌
臆	オク	臆病　臆面　臆断　臆説
囮	おとり	囮捜査
苛	カ	苛性ソーダ　苛政　苛酷
迦	カ	釈迦　迦陵頻伽（かりょうびんが）
訛	カ	訛音　転訛
	なまる	訛る
夥	カ	夥多
	おびただしい	夥しい
嘩	カ	喧嘩
訝	ガ・ゲン	怪訝（けげん）
	いぶかしい	訝しい
駕	ガ・カ	来駕　凌駕　駕籠（かご）
芥	カイ・ケ	塵芥　厨芥　芥子（けし）
	あくた	塵芥（ちりあくた）
乖	カイ	乖離

晦	カイ	韜晦
	くらます	晦ます
傀	カイ	傀儡
喙	カイ	容喙
誡	カイ	訓誡
	いましめる	誡める
魁	カイ	首魁　魁偉
潰	カイ	潰滅　潰瘍
	つぶす	潰す
獪	カイ	老獪
諧	カイ	諧謔
膾	カイ	膾炙
	なます	膾
邂	カイ	邂逅
咳	ガイ	謦咳　労咳
	せき	咳
崖	ガイ	断崖
	がけ	崖下
凱	ガイ	凱歌　凱旋
愾	ガイ	敵愾心
漑	ガイ	灌漑
骸	ガイ	形骸　死骸　骸骨
	むくろ	骸
鎧	ガイ	鎧袖一触（がいしゅういっしょく）
	よろい	鎧
矍	カク	矍鑠
摑	つかまえる	摑まえる

赫	カク	赫赫
擱	カク	擱筆
	おく	擱く
馘	カク	馘首
攪	カク	攪拌　攪乱
霍	カク	鬼の霍乱
攫	カク	一攫千金
	つかむ	攫む
愕	ガク	愕然　驚愕
諤	ガク	侃侃諤諤
刮	カツ	刮目
闊	カツ	迂闊　久闊
奸	カン	奸計　奸臣
旱	カン	旱魃
侃	カン	侃侃諤諤
姦	カン	姦淫　姦通　強姦
	かしましい	姦しい
桿	カン	操縦桿
涵	カン	涵養
煥	カン	才気煥発
緘	カン	緘口令　封緘
諫	カン	諫言　直諫
	いさめる	諫める
癇	カン	癇癪
瞰	カン	俯瞰
艱	カン	艱難　艱苦
灌	カン	灌漑　灌仏会（かんぶつえ）　灌木

	そそぐ	灌ぐ
撼	カン	震撼
頷	うなずく	頷く
癌	ガン	胃癌　乳癌
贋	ガン	贋作　真贋
	にせ	贋物
杞	キ	杞憂
悸	キ	動悸　心悸亢進（しんきこうしん）
愧	キ	慙愧
毀	キ	毀損　破毀
		毀誉褒貶（きよほうへん）
	こわれる	毀れる
詭	キ	詭弁　詭計
綺	キ	綺麗
嬉	キ	嬉々として
	うれしい	嬉しい
毅	キ	毅然　剛毅
驥	キ	驥尾
誼	ギ	厚誼　好誼　高誼
謔	ギャク	諧謔
汲	くむ	汲む
疚	やましい	疚しい
柩	ひつぎ	柩
厩	キュウ	厩舎　厩肥
	うまや	厩
舅	しゅうと	舅
裾	すそ	裾　裳裾（もすそ）

炬	キョ・コ	炬燵（こたつ）
渠	キョ	暗渠　船渠
嘘	キョ	嘘言
	うそ	嘘吐き
墟	キョ	廃墟
鋸	のこぎり	鋸
遽	キョ	急遽
醵	キョ	醵出　醵金
矜	キョウ	矜持
誑	たぶらかす	誑かす
嬌	キョウ	愛嬌　嬌声　嬌態
筐	キョウ	筐底
饗	キョウ	饗宴　饗応
矯	キョウ	矯正
	ためる	矯める
禽	キン	禽獣　家禽
懃	キン	慇懃　慇懃無礼（いんぎんぶれい）
噤	つぐむ	噤む
饉	キン	飢饉
狗	ク	羊頭狗肉（ようとうくにく）
垢	ク	無垢
	あか	水垢
懼	ク	恐懼　恐懼感激（きょうくかんげき）
寓	グウ	寓話　寓居
窟	クツ	洞窟　石窟　巣窟
燻	クン	燻製　燻蒸
	いぶす	燻す

痙	ケイ	痙攣　書痙
罫	ケイ	罫線　罫紙　表罫
閨	ケイ	閨閥　閨秀　令閨
稽	ケイ	稽古　荒唐無稽（こうとうむけい）
頸	ケイ	頸椎　頸部　刎頸
謦	ケイ	謦咳
繫	ケイ	連繫　繫留
	つなぐ	繫ぐ
憬	ケイ	憧憬
倪	ゲイ	端倪
隙	ゲキ	間隙
	すき・ひま	隙間
檄	ゲキ	檄文　檄書
訣	ケツ	秘訣　訣別　永訣
眷	ケン	眷属　眷族
倦	ケン	倦怠
眩	ゲン	眩惑　眩暈（げんうん・めまい）
	まぶしい	眩しい
虔	ケン	敬虔
捲	ケン	席捲　捲土重来（けんどじゅうらい・けんどちょうらい）
牽	ケン	牽引　牽制　牽強付会（けんきょうふかい）
喧	ケン	喧嘩　喧伝
	やかましい	喧しい
絢	ケン	絢爛
瞼	けん	眼瞼
	まぶた	瞼　上瞼
譴	ケン	譴責

漢字	読み	用例
鹸	ケン	石鹸
呟	つぶやく	呟く
舷	ゲン	舷側　右舷
	ふなばた	舷
諺	ゲン	諺語　俚諺
	ことわざ	諺
姑	コ	姑息
	しゅうとめ	姑　小姑
扈	コ	跋扈
辜	コ	無辜
跨	コ	跨線橋
	またぐ	跨ぐ
糊	コ	糊塗　曖昧模糊（あいまいもこ）
	のり	糊付け　糊代
齬	ゴ	齟齬
亢	コウ	亢進
勾	コウ	勾留
拘	コウ	拘束　拘留　拘泥
昂	コウ	昂然　激昂　昂進
哄	コウ	哄笑
巷	コウ	巷間　巷談　陋巷
	ちまた	巷
恍	コウ	恍惚
恰	コウ	恰好（かっこう）
		恰幅（かっぷく）
倖	コウ	僥倖（ぎょうこう）　射倖心
梗	コウ	梗塞　脳梗塞　梗概
慷	コウ	慷慨　悲憤慷慨（ひふんこうがい）
敲	コウ	推敲
	たたく	敲く
膏	コウ	膏薬　軟膏
逅	コウ	邂逅
哮	コウ	咆哮
徨	コウ	彷徨
傲	ゴウ	傲慢　傲然
囂	ゴウ	囂囂　喧喧囂囂（けんけんごうごう）
剋	コク	下剋上（下克上）
哭	コク	慟哭　痛哭
梏	コク	桎梏
忽	コツ	忽然　粗忽
	たちまち	忽ち
惚	コツ	恍惚
	ほれる	惚れる
昏	コン	昏迷　昏睡
		黄昏（たそがれ）
渾	コン	渾身　渾然　雄渾
些	サ	些細　些末　些少
	いささか	些か
沙	サ	沙漠　沙汰　無沙汰
詐	サ	詐欺　詐称
嗟	サ	嗟嘆　怨嗟
瑣	サ	瑣末　煩瑣
磋	サ	切磋　切磋琢磨（せっさたくま）
蹉	サ	蹉跌　蹉跎（さだ）
挫	ザ	挫折　捻挫　頓挫
	くじく	挫く
猜	サイ	猜疑心
塞	サイ・ソク	要塞　閉塞　逼塞
	ふさぐ	塞ぐ
窄	サク	狭窄
刹	サツ・セツ	名刹　古刹　刹那
拶	サツ	挨拶
颯	サツ	颯爽
懺	サン	懺悔
讃	サン	讃美　讃嘆　賞讃
	たたえる	讃える
斬	ザン	斬罪　斬殺
	きる	斬り殺す
讒	ザン	讒言
竄	ザン	改竄
侈	シ	奢侈
弛	シ・チ	弛緩
	ゆるむ	弛む
恣	シ	恣意　放恣
	ほしいまま	恣
偲	しのぶ	偲ぶ
覗	うかがう	覗う
肆	シ	書肆
幟	シ	旗幟鮮明（きしせんめい）
	のぼり	鯉幟
摯	シ	真摯

漢字

熾	シ	熾烈
而	ジ	而立　形而上学
峙	ジ	対峙
恃	ジ	矜恃
	たのむ	恃む
怩	ジ	忸怩
忸	ジク	忸怩
叱	シツ	叱責　叱正　叱咤
	しかる	叱る
桎	シツ	桎梏
悉	シツ	悉皆　知悉
	ことごとく	悉く
嫉	シツ	嫉妬　嫉視
	そねむ・ねたむ	嫉む
瑟	シツ	琴瑟相和す
櫛	シツ	櫛風沐雨（しっぷうもくう）
昵	ジツ	昵懇
躾	しつけ	躾
炙	シャ	膾炙　親炙
洒	シャ	洒脱　洒落
奢	シャ	奢侈　豪奢　華奢
	おごる	奢る
藉	シャ・セキ	慰藉　狼藉
瀉	シャ	一瀉千里　吐瀉　瀉血
灼	シャク	灼熱
癪	シャク	癇癪
鑠	シャク	矍鑠

嚼	シャク	咀嚼
惹	ジャク	惹起　惹句
	ひく	惹く　惹き付ける
呪	ジュ	呪詛　呪文　呪術
	のろう	呪う
濡	ぬれる	濡れる
羞	シュウ	羞恥　含羞
	はじらう	羞じらう
蒐	シュウ	蒐集
皺	しわ	皺
繍	シュウ	刺繍　錦繍
讐	シュウ	復讐　恩讐
驟	シュウ	驟雨
揉	もむ	揉む
絨	ジュウ	絨毯（じゅうたん）
蹂	ジュウ	蹂躙
蹙	シュク	顰蹙
峻	シュン	険峻　峻厳　峻烈
浚	シュン	浚渫
駿	シュン	駿馬　駿足　駿才
馴	ならす・なれる	馴れる　馴らす
曙	ショ	曙光
	あけぼの	曙
薯	ショ	馬鈴薯　自然薯（じねんじょ）
藷	ショ	甘藷
抒	ジョ	抒情
恕	ジョ	寛恕　宥恕（ゆうじょ）

昌	ショウ	隆昌　繁昌
悄	ショウ	悄然
捷	ショウ	敏捷　捷径
梢	ショウ	末梢神経
	こずえ	梢
哨	ショウ	哨兵　歩哨　哨戒機
逍	ショウ	逍遥
翔	ショウ	飛翔
嘗	ショウ	臥薪嘗胆（がしんしょうたん）
誦	ショウ	暗誦　朗誦
慫	ショウ	慫慂
憧	ショウ	憧憬
	あこがれる	憧れる
憔	ショウ	憔悴
觴	ショウ	濫觴
醤	ショウ	醤油
饒	ジョウ	豊饒　饒舌
拭	ショク・シキ	払拭　清拭
	ぬぐう	拭う
燭	ショク	燭台
呻	シン	呻吟
	うめく	呻く
疹	シン	湿疹　発疹
斟	シン	斟酌
蜃	シン	蜃気楼
滲	シン	滲出
	にじむ	滲む

賑	シン	殷賑（いんしん）
	にぎやか	賑やか
	にぎわう	賑わう
箴	シン	箴言
訊	ジン	訊問
	たずねる	訊ねる
靭（靱）	ジン	強靭　靭帯
塵	ジン	砂塵　後塵　塵埃　塵芥
		灰塵
	ちり	塵取り
燼	ジン	余燼　灰燼
悴	スイ	憔悴
芻	スウ	反芻
趨	スウ	趨勢　拝趨　帰趨
雛	スウ	育雛
	ひな	雛祭
掣	セイ	掣肘
穽	セイ	陥穽
凄	セイ	凄惨　凄絶
	すさまじい	凄まじい
棲	セイ	隠棲　同棲
醒	セイ	覚醒　覚醒剤
	さめる	醒める
脆	ゼイ	脆弱
	もろい	脆い
贅	ゼイ	贅沢　贅肉
戚	セキ	親戚　外戚

晰	セキ	明晰
齪	セク・サク	齷齪
泄	セツ	排泄
渫	セツ	浚渫
截	セツ・サイ	截然　直截
褻	セツ	猥褻
尖	セン	尖端　尖鋭
穿	セン	穿孔　穿鑿（せんさく）
閃	セン	閃光
	ひらめく	閃く
煎	セン	煎茶　湯煎　焙煎
	いる	煎る
羨	セン	羨望
	うらやむ	羨む
詮	セン	詮索　詮議　所詮
煽	セン	煽動　煽情
	あおる	煽る
箋	セン	付箋　便箋　処方箋
撰	セン	撰者　撰集　勅撰
餞	セン	餞別　予餞会
	はなむけ	餞
殲	セン	殲滅
籤	セン	抽籤（抽選）
	くじ	宝籤
涎	ゼン	垂涎
	よだれ	涎
膳	ゼン	お膳　膳部

咀	ソ	咀嚼
沮	ソ	沮喪（阻喪）
狙	ソ	狙撃
	ねらう	狙う
俎	ソ	俎上
齟	ソ	齟齬
爽	ソウ	颯爽　爽快
愴	ソウ	悲愴　凄愴
掻	ソウ	隔靴掻痒（かっかそうよう）
	かく	掻く
蒼	ソウ	鬱蒼　蒼天　蒼白
漱	すすぐ	漱ぐ
痩	ソウ	痩身
	やせる	痩せる
噪	ソウ	喧噪　蛙鳴蟬噪（あめいせんそう）
輳	ソウ	輻輳
叢	ソウ	叢書　論叢
躁	ソウ	躁鬱
仄	ソク	仄聞
	ほのか	仄かに
捉	ソク	捕捉
	とらえる	捉える
忖	ソン	忖度
遜	ソン	謙遜　不遜　遜色
噂	うわさ	噂話
汰	タ	沙汰　淘汰
咤	タ	叱咤　叱咤激励

侘	わびしい	侘しい
詫	わびる	詫びる
舵	ダ	操舵　方向舵
	かじ	舵取り
殆	ほとんど	殆ど
苔	タイ	緑苔　蘚苔
	こけ	苔むす
堆	タイ	堆肥　堆積
頽	タイ	頽廃　衰頽
托	タク	托鉢　茶托
		一蓮托生（いちれんたくしょう）
琢	タク	琢磨　彫琢
謫	タク	謫居　流謫（るたく）
撻	タツ	鞭撻
耽	タン	耽溺　耽読　耽美
	ふける	耽る
綻	タン	破綻
	ほころびる	綻びる
憚	タン	忌憚
澹	タン	暗澹
檀	タン・ダン	栴檀（せんだん）
魑	チ	魑魅魍魎（ちみもうりょう）
緻	チ	緻密　精緻
蟄	チツ	啓蟄　蟄居
肘	チュウ	掣肘
	ひじ	肘鉄砲
躊	チュウ	躊躇

佇	チョ	佇立
	たたずむ	佇む
楮	チョ	寸楮
躇	チョ	躊躇
佻	チョウ	軽佻浮薄（けいちょうふはく）
凋	チョウ	凋落
	しぼむ	凋む
掉	チョウ・トウ	掉尾
喋	チョウ	喋喋喃喃（ちょうちょうなんなん）
	しゃべる	喋る
貼	テン	貼付
	はる	貼る
牒	チョウ	符牒　通牒
暢	チョウ	流暢
嘲	チョウ	自嘲　嘲笑
	あざける	嘲る
諜	チョウ	諜報　諜者　間諜
寵	チョウ	寵愛　恩寵
捗	チョク	進捗
	はかどる	捗る
闖	チン	闖入
酊	テイ	酩酊
挺	テイ	挺身隊　空挺部隊
掟	おきて	掟
綴	テイ	点綴
	つづる	綴る
擢	テキ	抜擢

擲	テキ	投擲　放擲
溺	デキ	溺愛　溺死　耽溺
	おぼれる	溺れる
跌	テツ	蹉跌
辿	たどる	辿る
忝	かたじけない	忝い
塡	テン	補塡　充塡
顚	テン	顚末　動顚　顚覆
纏	テン	半纏
	まとう	纏う
澱	デン	澱粉　沈澱
堵	ト	安堵
賭	ト	賭博
	かける	賭ける
淘	トウ	淘汰
套	トウ	常套手段　外套
疼	トウ	疼痛
撓	トウ	不撓不屈（ふとうふくつ）
	たわむ	撓む
蕩	トウ	放蕩　蕩児　掃蕩
		春風駘蕩（しゅんぷうたいとう）
濤	トウ	波濤　怒濤
禱	トウ	祈禱　黙禱
韜	トウ	韜晦
蟷	トウ	蟷螂
恫	ドウ	恫喝
慟	ドウ	慟哭

瞠	ドウ	瞠目
	みはる	瞠る
獰	ドウ	獰猛　獰悪
瀆	トク	冒瀆　瀆職
訥	トツ	訥弁　訥訥　朴訥
沌	トン	混沌
遁	トン	遁走　遁辞　隠遁
	のがれる	遁れる
頓	トン	頓首　停頓　頓挫
		頓死　頓智　頓服
飩	ドン	饂飩（うんどん・うどん）
貪	ドン	貪欲
	むさぼる	貪る
凪	なぎ	夕凪
捺	ナツ	捺印　押捺
繞	ニョウ	囲繞
捏	ネツ	捏造
捻	ネン	捻挫　捻出
	ひねる	捻る
膿	ノウ	化膿
	うむ	膿む
嚢	ノウ	氷嚢　背嚢
播	ハ	伝播
罵	バ	罵倒　罵声　面罵
	ののしる	罵る
柿	こけら	柿落とし
徘	ハイ	徘徊

憊	ハイ	困憊　疲労困憊（ひろうこんぱい）
狽	ハイ	狼狽
煤	バイ	煤煙
	すす	煤払い
黴	バイ	黴菌
	かび	青黴
剝	ハク	剝製　剝奪　剝離
	はがす	剝がす
魄	ハク	魂魄　気魄　落魄
莫	バク	莫大　索莫　莫逆
駁	バク	反駁　駁論
魃	バツ	旱魃
跋	バツ	跋扈　跋文
絆	ハン	絆創膏　脚絆（きゃはん）
	きずな	絆
斑	ハン	斑点　斑紋
瘢	ハン	瘢痕
叛	ハン・ホン	叛乱　叛徒　謀叛
蟠	ハン・バン	蟠屈　蟠踞（ばんきょ）
	わだかまる	蟠る
攀	ハン	登攀
挽	バン	挽回　挽歌
磐	バン	磐石
庇	ヒ	庇護　高庇　雪庇
	ひさし	庇
誹	ヒ	誹謗
痺	ヒ	麻痺

	しびれる	痺れる
鄙	ヒ	辺鄙
臂	ヒ	猿臂　八面六臂（はちめんろっぴ）
眉	ビ・ミ	拝眉　焦眉
		眉目秀麗（びもくしゅうれい）
		眉間（みけん）
	まゆ	眉毛
媚	ビ	媚態　風光明媚（ふうこうめいび）
	こびる	媚びる
靡	ビ	風靡　淫靡
	なびく	靡く
逼	ヒツ	逼迫
謐	ヒツ	静謐
闢	ビャク	開闢
謬	ビュウ	誤謬　謬見
剽	ヒョウ	剽窃　剽軽（ひょうきん）
飄	ヒョウ	飄逸　飄客
瀕	ヒン	瀕死
顰	ヒン	顰蹙　・顰一笑（いっぴんいっしょう）
紊	ビン	風紀紊乱
憫	ビン	不憫　憫笑
俘	フ	俘虜　俘囚
俯	フ	俯瞰
	うつむく	俯く
訃	フ	訃報　訃音（ふいん）
埠	フ	埠頭
腑	フ	臓腑　五臓六腑（ごぞうろっぷ）

孵	フ	孵化 孵卵
撫	ブ なでる	愛撫 慰撫 撫育 撫でる
諷	フウ	諷刺 諷誦
輻	フク	輻輳（輻湊）（ふくそう）
馥	フク	馥郁
彿	フツ	彷彿
刎	フン	刎頸 自刎
吻	フン	口吻 接吻
扮	フン	扮装 扮飾
聘	ヘイ	招聘
蔽	ヘイ	隠蔽 遮蔽
辟	ヘキ	辟易
僻	ヘキ	僻地
霹	ヘキ	霹靂
蔑	ベツ さげすむ	軽蔑 蔑む
瞥	ベツ	一瞥 瞥見
貶	ヘン けなす	毀誉褒貶（きよほうへん） 貶す
翩	ヘン	翩翻（へんぽん）
眄	ベン	右顧左眄（うこさべん）
鞭	ベン むち	鞭撻 教鞭 鞭打つ
呆	ホウ あきれる	呆ける 呆れる
彷	ホウ	彷徨
咆	ホウ	咆哮
萌	ホウ もえる	萌芽 萌える
幇	ホウ	幇助 幇間（ほうかん）
蜂	ホウ	養蜂 蜂起
鋒	ホウ	筆鋒 先鋒 鋭鋒
茅	ボウ かや	茅屋 茅舎 茅葺
茫	ボウ	茫洋 茫漠 茫然
旁	ボウ つくり	旁若無人（傍若無人）（ぼうじゃくぶじん） 博引旁証（博引傍証）（はくいんぼうしょう） 旁
榜	ボウ	標榜
貌	ボウ	容貌 全貌
厖	ボウ	厖大（膨大）
儚	はかない	儚い
謗	ボウ そしる	誹謗 讒謗 謗る
睦	ボク むつむ	親睦 和睦 睦む
勃	ボツ	勃発 勃起 勃興
昧	マイ	曖昧 愚昧 無知蒙昧（むちもうまい）
邁	マイ	英邁 高邁 邁進
沫	マツ	水沫 飛沫 泡沫
蔓	マン	蔓延
瞞	マン	欺瞞 瞞着
懣	マン	憤懣
冥	メイ・ミョウ	冥想 冥途 冥利（みょうり）
瞑	メイ	瞑想 瞑目
酩	メイ	酩酊
耄	モウ	耄碌 老耄
蒙	モウ	蒙昧 啓蒙
朦	モウ	朦朧
魍	モウ	魑魅魍魎
悶	モン もだえる	煩悶 苦悶 悶絶 悶える
揶	ヤ	揶揄
扼	ヤク	扼殺 切歯扼腕（せっしやくわん）
喩	ユ	比喩 隠喩 引喩
揄	ユ	揶揄
諛	ユ	阿諛
湧	ユウ わく	湧水 湧出 湧く
夭	ヨウ	夭折 夭逝
妖	ヨウ	妖艶 妖怪 妖精
痒	ヨウ かゆい	痛痒 隔靴掻痒 痒い
遥	ヨウ はるか	逍遥 遥か
拗	ヨウ	執拗 拗音
慂	ヨウ	慫慂
傭	ヨウ	傭兵
瘍	ヨウ	潰瘍 腫瘍
拉	ラ	拉致

漢字	読み	用例
螺	ラ	螺旋　法螺（ほら）　螺鈿（らでん）
儡	ライ	傀儡
洛	ラク	上洛　洛中洛外
烙	ラク	烙印
埒	ラチ・ラツ	埒外　不埒　放埒
辣	ラツ	辛辣　悪辣　辣腕
爛	ラン	絢爛　靡爛（びらん）　腐爛
	ただれる	爛れる
襤	ラン	襤褸
悧	リ	怜悧
戮	リク	殺戮
慄	リツ	戦慄　慄然
	おののく	慄く
掠	リャク	掠奪
	かすめる	掠める
溜	リュウ	溜飲　蒸溜
	ためる	溜める
侶	リョ	伴侶　僧侶
膂	リョ	膂力
凌	リョウ	凌駕　凌辱
	しのぐ	凌ぐ
魎	リョウ	魑魅魍魎
梁	リョウ	跳梁　橋梁　棟梁
寥	リョウ	寂寥　荒寥
諒	リョウ	諒察
瞭	リョウ	明瞭
吝	リン	吝嗇（りんしょく）
悋	リン	悋気
綸	リン	経綸　綸言
霖	リン	霖雨　秋霖
躙	リン	蹂躙
鱗	リン	片鱗　逆鱗（げきりん）
	うろこ	鱗
褸	ル	襤褸
怜	レイ	怜悧
黎	レイ	黎明
轢	レキ	軋轢　轢死　轢殺
靂	レキ	霹靂
煉	レン	煉瓦　煉炭　煉獄
憐	レン	憐憫　可憐
	あわれむ	憐れむ
斂	レン	収斂　苛斂誅求（かれんちゅうきゅう）
簾	レン	簾中
	すだれ	青簾　竹簾
攣	レン	痙攣
賂	ロ	賄賂
濾	ロ	濾過　濾紙
	こす	濾す
轤	ロ	轆轤
螂	ロウ	蟷螂
弄	ロウ	翻弄　玩弄　愚弄
	もてあそぶ	弄ぶ
牢	ロウ	堅牢　牢固　牢獄
陋	ロウ	陋巷　陋習　陋屋
狼	ロウ	虎狼　狼狽
	おおかみ	狼
朧	ロウ	朦朧
	おぼろ	朧月
蠟	ロウ	蜜蠟　蠟燭　蠟石
籠	ロウ	籠城　参籠
肋	ロク	肋骨　肋木　肋膜
碌	ロク	耄碌
轆	ロク	轆轤
麓	ロク	山麓
	ふもと	麓
倭	ワ	倭人　倭寇　倭名
歪	ワイ	歪曲
	ひずむ	歪む
隈	ワイ	界隈
	くま	隈取り
矮	ワイ	矮小

常用漢字表

●この表は、「常用漢字表」（平成二十二年内閣告示）を、五十音順に配列したものである。
●複数の書き方が通用している漢字については、（　）を用いて二通りの字形を示す。どちらの字形で書いてもよい。ただし、「遡」「遜」「謎」は、（　）の中の字形で書くのが普通である。
●漢字の下の片仮名は音、平仮名は訓（太字は送り仮名）を示す。
（　）は小、中学校では学習しなくてもよい音訓を示す。
｜は、特別な音訓、用法のごく狭い音訓を示す。

＊小学校国語科用教科書『新編　新しい国語　六上』東京書籍刊より

あ

亜　ア
哀　アイ　あわれ　あわれむ
挨　アイ
愛　アイ
曖　アイ
悪　アク（オ）　わるい
握　アク　にぎる
圧　アツ
扱　あつかう
宛　あてる
嵐　あらし
安　アン　やすい
案　アン
暗　アン　くらい

い

以　イ
衣　イ　●ころも
位　イ　くらい
囲　イ　かこむ　かこう
医　イ
依　イ　｜（エ）
委　イ　ゆだねる
威　イ
為　イ
畏　イ　おそれる
胃　イ
尉　イ
異　イ　こと
移　イ　うつる　うつす
萎　イ　なえる
偉　イ　えらい
椅　イ
彙（彙）　イ
意　イ
違　イ　ちがう　ちがえる
維　イ
慰　イ　なぐさめる　なぐさむ
遺　イ　｜●ユイ
緯　イ
域　イキ
育　イク　そだつ　そだてる　はぐくむ
一　イチ　イツ　ひと　ひとつ
壱　イチ
逸　イツ
茨（茨）　｜いばら
芋　いも
引　イン　ひく　ひける
印　イン　しるし
因　イン　（よる）
咽　イン
姻　イン
員　イン
院　イン
淫（淫）　イン　（みだら）
陰　イン　かげ　かげる
飲　イン　のむ
隠　イン　かくす　かくれる
韻　イン

う

右　ウ　ユウ　みぎ
宇　ウ
羽　●ウ　は　はね
雨　ウ　あめ　｜あま
唄　｜うた
鬱　ウツ
畝　うね
浦　うら
運　ウン　はこぶ
雲　ウン　くも

え

永　エイ　ながい
泳　エイ　およぐ
英　エイ
映　エイ　うつる　うつす　●はえる
栄　エイ　さかえる　（はえ）（はえる）
営　エイ　いとなむ
詠　エイ　（よむ）
影　エイ　かげ
鋭　エイ　するどい
衛　エイ
易　エキ　イ　やさしい
疫　エキ　｜（ヤク）
益　エキ　｜（ヤク）
液　エキ
駅　エキ
悦　エツ
越　エツ　こす　こえる
謁　エツ
閲　エツ
円　エン　まるい
延　エン　のびる　のべる　のばす
沿　エン　そう
炎　エン　ほのお
怨　（エン）　オン
宴　エン
媛　エン
援　エン
園　エン　●その
煙　エン　けむる　けむり　けむい
猿　エン　さる
遠　エン　（オン）｜　とおい
鉛　エン　なまり
塩　エン　しお
演　エン
縁　エン　ふち
艶　（エン）　つや

お

汚　オ　（けがす）（けがれる）（けがらわしい）　よごす　よごれる　きたない
王　オウ
凹　オウ
央　オウ
応　オウ　こたえる
往　オウ
押　（オウ）　おす　おさえる
旺　オウ
欧　オウ
殴　（オウ）　なぐる
桜　（オウ）　さくら
翁　オウ
奥　（オウ）　おく
横　オウ　よこ
岡　｜おか
屋　オク　や
億　オク
憶　オク
臆　オク
虞　おそれ
乙　オツ
俺　おれ
卸　おろす　おろし

音　オン　●イン　おと　ね
恩　オン
温　オン　あたたか　あたたかい　あたたまる　あたためる
穏　オン　おだやか

か

下　カ　ゲ　した　しも　●もと　さげる　さがる　くだる　くだす　くださる　おろす　おりる
化　カ　●ケ　ばける　ばかす
火　カ　ひ　(ほ)
加　カ　くわえる　くわわる
可　カ
仮　カ　●ケ　かり
何　●カ　なに　なん
花　カ　はな
佳　カ
価　カ　(あたい)
果　カ　はたす　はてる　はて
河　カ　かわ
苛　カ
科　カ
架　カ　かける　かかる
夏　カ　●ゲ　なつ

家　カ　ケ　いえ　や
荷　●カ　に
華　カ　(ケ)　はな
菓　カ
貨　カ
渦　(カ)　うず
過　カ　すぎる　すごす　(あやまつ)　(あやまち)
嫁　(カ)　よめ　とつぐ
暇　カ　ひま
禍　カ
靴　(カ)　くつ
寡　カ
歌　カ　うた　うたう
箇　カ
稼　(カ)　かせぐ
課　カ
蚊　か
牙　(ガ)　ゲ　きば
瓦　(ガ)　かわら
我　●ガ　われ　●わ
画　ガ　カク
芽　ガ　め
賀　ガ

雅　ガ
餓　ガ
介　カイ
回　カイ　(エ)　まわる　まわす
灰　●カイ　はい
会　カイ　(エ)　あう
快　カイ　こころよい
戒　カイ　いましめる
改　カイ　あらためる　あらたまる
怪　カイ　あやしい　あやしむ
拐　カイ
悔　カイ　くいる　くやむ　くやしい
海　カイ　うみ
界　カイ
皆　カイ　みな
械　カイ
絵　カイ　エ
開　カイ　ひらく　ひらける　あく　あける
階　カイ
塊　カイ　かたまり
楷　カイ

解　カイ　(ゲ)　とく　とかす　とける
潰　カイ　つぶす　つぶれる
壊　カイ　こわす　こわれる
懐　カイ　(ふところ)　(なつかしい)　(なつかしむ)　(なつく)　(なつける)
諧　カイ
貝　かい
外 ガイ・ゲ そと・ほか・はずす・はずれる
劾　ガイ
害　ガイ
崖　ガイ　がけ
涯　ガイ
街　ガイ　●カイ　まち
慨　ガイ
蓋　ガイ　ふた
該　ガイ
概　ガイ
骸　ガイ
垣　かき
柿　かき
各　カク　(おのおの)

角　カク　かど　つの
拡　カク
革　カク　●かわ
格　カク　(コウ)
核　カク
殻　カク　から
郭　カク
覚　カク　おぼえる　さます　さめる
較　カク
隔　カク　へだてる　へだたる
閣　カク
確　カク　たしか　たしかめる
獲　カク　える
嚇　カク
穫　カク
学　ガク　まなぶ
岳　ガク　たけ
楽　ガク　ラク　たのしい　たのしむ
額　ガク　ひたい
顎　ガク　あご
掛　かける　かかる　かかり
潟　かた
括　カツ

活　カツ
喝　カツ
渇　(カツ)　かわく
割　●カツ　わる　わり　われる　●さく
葛　カツ　(くず)
(葛)
滑　カツ　コツ　すべる　なめらか
褐　カツ
轄　カツ
且　かつ
株　かぶ
釜　かま
鎌　かま
刈　かる
干　カン　ほす　●ひる
刊　カン
甘　カン　あまい　あまえる　あまやかす
汗　カン　あせ
缶　カン
完　カン
肝　カン　きも
官　カン
冠　カン　かんむり

巻　カン　まく　まき
看　カン
陥　カン　おちいる　(おとしいれる)
乾　カン　かわく　かわかす
勘　カン
患　カン　(わずらう)
貫　カン　つらぬく
寒　カン　さむい
喚　カン
堪　(カン)　たえる
換　カン　かえる　かわる
敢　カン
棺　カン
款　カン
間　カン　ケン　あいだ　ま
閑　カン
勧　カン　すすめる
寛　カン
幹　カン　みき
感　カン
漢　カン
慣　カン　なれる　ならす
管　カン　くだ

関　カン　せき　かかわる
歓　カン
監　カン
緩　カン　ゆるい　ゆるやか　ゆるむ　ゆるめる
憾　カン
還　カン
館　カン　やかた
環　カン
簡　カン
観　カン
韓　カン
艦　カン
鑑　カン　(かんがみる)
丸　ガン　まる　まるい　まるめる
含　ガン　ふくむ　ふくめる
岸　ガン　きし
岩　ガン　いわ
玩　ガン
眼　ガン　(ゲン)　●まなこ
頑　ガン
顔　ガン　かお
願　ガン　ねがう

き

企　キ　くわだてる
伎　キ
危　キ　あぶない　●あやうい　●あやぶむ
机　●キ　つくえ
気　キ　ケ
岐　キ
希　キ
忌　キ　(いむ)　(いまわしい)
汽　キ
奇　キ
祈　キ　いのる
季　キ
紀　キ
軌　キ
既　キ　すでに
記　キ　しるす
起　キ　おきる　おこる　おこす
飢　キ　うえる
鬼　キ　おに
帰　キ　かえる　かえす
基　キ　●もと　(もとい)

寄　キ　よる　よせる
規　キ
亀　キ　かめ
喜　キ　よろこぶ
幾　キ　いく
揮　キ
期　キ　(ゴ)
棋　キ
貴　キ　●たっとい　●とうとい　●たっとぶ　●とうとぶ
棄　キ
毀　キ
旗　キ　はた
器　キ　●うつわ
畿　キ
輝　キ　かがやく
機　キ　●はた
騎　キ
技　ギ　●わざ
宜　ギ
偽　ギ　いつわる　(にせ)
欺　ギ　あざむく
義　ギ
疑　ギ　うたがう

儀 ギ
戯 ギ (たわむれる)
擬 ギ
犠 ギ
議 ギ
菊 キク
吉 キチ キツ
喫 キツ
詰 (キツ) つめる つまる つむ
却 キャク
客 キャク ●カク
脚 キャク (キャ) あし
逆 ギャク さか さからう
虐 ギャク (しいたげる)
九 キュウ ク ここの ここのつ
久 キュウ (ク) ひさしい
及 キュウ およぶ および およぼす
弓 ●キュウ ゆみ
丘 キュウ おか
旧 キュウ
休 キュウ やすむ やすまる やすめる
吸 キュウ すう

朽 キュウ くちる
臼 キュウ うす
求 キュウ もとめる
究 キュウ きわめる
泣 ●キュウ なく
急 キュウ いそぐ
級 キュウ
糾 キュウ
宮 キュウ ●グウ (ク) みや
救 キュウ すくう
球 キュウ たま
給 キュウ
嗅 キュウ かぐ
(嗅)
窮 キュウ (きわめる) (きわまる)
牛 ギュウ うし
去 キョ コ さる
巨 キョ
居 キョ いる
拒 キョ こばむ
拠 キョ コ
挙 キョ あげる あがる
虚 キョ (コ)
許 キョ ゆるす

距 キョ
魚 ギョ うお さかな
御 ギョ ゴ おん
漁 ギョ リョウ
凶 キョウ
共 キョウ とも
叫 キョウ さけぶ
狂 キョウ くるう くるおしい
京 キョウ ●ケイ
享 キョウ
供 キョウ (ク) そなえる とも
協 キョウ
況 キョウ
峡 キョウ
挟 (キョウ) はさむ はさまる
狭 (キョウ) せまい せばめる せばまる
恐 キョウ おそれる おそろしい
恭 キョウ (うやうやしい)
胸 キョウ むね ●むな
脅 キョウ (おびやかす) おどす おどかす
強 キョウ ●ゴウ つよい つよまる つよめる ●しいる

教 キョウ おしえる おそわる
郷 キョウ ●ゴウ
境 キョウ ●ケイ さかい
橋 キョウ はし
矯 キョウ (ためる)
鏡 キョウ かがみ
競 キョウ ケイ ●きそう (せる)
響 キョウ ひびく
驚 キョウ おどろく おどろかす
仰 ギョウ コウ あおぐ (おおせ)
暁 (ギョウ) あかつき
業 ギョウ (ゴウ) ●わざ
凝 ギョウ こる こらす
曲 キョク まがる まげる
局 キョク
極 キョク ●ゴク ●きわめる ●きわまる ●きわみ
玉 ギョク たま
巾 キン
斤 キン
均 キン
近 キン ちかい
金 キン コン かね かな

菌 キン
勤 キン (ゴン) つとめる つとまる
琴 キン こと
筋 キン すじ
僅 キン わずか
(僅)
禁 キン
緊 キン
錦 キン にしき
謹 キン つつしむ
襟 (キン) えり
吟 ギン
銀 ギン

く

区 ク
句 ク
苦 ク くるしい くるしむ くるしめる にがい にがる
駆 ク かける かる
具 グ
惧 グ
(惧)
愚 グ おろか
空 クウ そら あく あける から

偶 グウ
遇 グウ
隅 グウ すみ
串 くし
屈 クツ
掘 クツ ほる
窟 クツ
熊 くま
繰 くる
君 クン きみ
訓 クン
勲 クン
薫 (クン) かおる
軍 グン
郡 グン
群 グン むれる むれ むら

け

兄 ●ケイ キョウ あに
刑 ケイ
形 ケイ ギョウ かた かたち
系 ケイ
径 ケイ
茎 ケイ くき
係 ケイ かかる かかり

型 ケイ かた
契 ケイ (ちぎる)
計 ケイ はかる はからう
恵 ケイ エ めぐむ
啓 ケイ
掲 ケイ かかげる
渓 ケイ
経 ケイ ●キョウ へる
蛍 ケイ ほたる
敬 ケイ うやまう
景 ケイ
軽 ケイ かるい ●かろやか
傾 ケイ かたむく かたむける
携 ケイ たずさえる たずさわる
継 ケイ つぐ
詣 (ケイ) もうでる
慶 ケイ
憬 ケイ
稽 ケイ
(稽)
憩 ケイ いこい (いこう)
警 ケイ
鶏 ケイ にわとり

芸 ゲイ
迎 ゲイ むかえる
鯨 ゲイ くじら
隙 (ゲキ) すき
劇 ゲキ
撃 ゲキ うつ
激 ゲキ はげしい
桁 けた
欠 ケツ かける かく
穴 ●ケツ あな
血 ケツ ち
決 ケツ きめる きまる
結 ケツ むすぶ ●ゆう ●ゆわえる
傑 ケツ
潔 ケツ (いさぎよい)
月 ゲツ ガツ つき
犬 ケン いぬ
件 ケン
見 ケン みる みえる みせる
券 ケン
肩 (ケン) かた
建 ケン (コン) たてる たつ
研 ケン ●とぐ

県 ケン
倹 ケン
兼 ケン かねる
剣 ケン つるぎ
拳 ケン こぶし
軒 ケン のき
健 ケン ●すこやか
険 ケン けわしい
圏 ケン
堅 ケン かたい
検 ケン
嫌 ケン ゲン きらう いや
献 ケン コン
絹 (ケン) きぬ
遣 ケン つかう つかわす
権 ケン (ゴン)
憲 ケン
賢 ケン かしこい
謙 ケン
鍵 ケン かぎ
繭 (ケン) まゆ
顕 ケン
験 ケン (ゲン)
懸 ケン (ケ) かける かかる

元 ゲン ガン もと
幻 ゲン まぼろし
玄 ゲン
言 ゲン ゴン いう こと
弦 ゲン (つる)
限 ゲン かぎる
原 ゲン はら
現 ゲン あらわれる あらわす
舷 ゲン
減 ゲン へる へらす
源 ゲン みなもと
厳 ゲン (ゴン) ●おごそか きびしい

こ

己 コ ●キ おのれ
戸 コ と
古 コ ふるい ふるす
呼 コ よぶ
固 コ かためる かたまる かたい
股 コ また
虎 コ とら
孤 コ
弧 コ
故 コ ●ゆえ

枯 コ かれる からす
個 コ
庫 コ （ク）
湖 コ みずうみ
雇 コ やとう
誇 コ ほこる
鼓 コ （つづみ）
錮 コ
顧 コ かえりみる
五 ゴ いつ いつつ
互 ゴ たがい
午 ゴ
呉 ゴ
後 ゴ コウ のち うしろ あと おくれる
娯 ゴ
悟 ゴ さとる
碁 ゴ
語 ゴ かたる かたらう
誤 ゴ あやまる
護 ゴ
口 コウ ク くち
工 コウ ク
公 コウ おおやけ

勾 コウ
孔 コウ
功 コウ （ク）
巧 コウ たくみ
広 コウ ひろい ひろまる ひろめる ひろがる ひろげる
甲 コウ カン
交 コウ まじわる まじえる まじる まざる まぜる かう かわす
光 コウ ひかる ひかり
向 コウ むく むける むかう むこう
后 コウ
好 コウ このむ すく
江 コウ え
考 コウ かんがえる
行 コウ ギョウ （アン） いく ゆく おこなう
坑 コウ
孝 コウ
抗 コウ
攻 コウ せめる
更 コウ さら （ふける） （ふかす）

効 コウ きく
幸 コウ さいわい さち しあわせ
拘 コウ
肯 コウ
侯 コウ
厚 コウ あつい
恒 コウ
洪 コウ
皇 コウ オウ
紅 コウ ク べに くれない
荒 コウ あらい あれる あらす
郊 コウ
香 コウ （キョウ） か かおり かおる
候 コウ （そうろう）
校 コウ
耕 コウ たがやす
航 コウ
貢 コウ （ク） （みつぐ）
降 コウ おりる おろす ふる
高 コウ たかい たか たかまる たかめる
康 コウ

控 （コウ） ひかえる
梗 コウ
黄 コウ オウ き こ
喉 コウ のど
慌 （コウ） あわてる あわただしい
港 コウ みなと
硬 コウ かたい
絞 （コウ） しぼる しめる しまる
項 コウ
溝 コウ みぞ
鉱 コウ
構 コウ かまえる かまう
綱 コウ つな
酵 コウ
稿 コウ
興 コウ キョウ （おこる） （おこす）
衡 コウ
鋼 コウ はがね
講 コウ
購 コウ
乞 こう
号 ゴウ

合 ゴウ ガッ カッ あう あわす あわせる
拷 ゴウ
剛 ゴウ
傲 ゴウ
豪 ゴウ
克 コク
告 コク つげる
谷 コク たに
刻 コク きざむ
国 コク くに
黒 コク くろ くろい
穀 コク
酷 コク
獄 ゴク
骨 コツ ほね
駒 こま
込 こむ こめる
頃 ころ
今 コン キン いま
困 コン こまる
昆 コン
恨 コン うらむ うらめしい
根 コン ね

婚 コン
混 コン まじる まざる まぜる こむ
痕 コン あと
紺 コン
魂 コン たましい
墾 コン
懇 コン （ねんごろ）

さ

左 サ ひだり
佐 サ
沙 サ
査 サ
砂 サ シャ すな
唆 サ （そそのかす）
差 サ さす
詐 サ
鎖 サ くさり
座 ザ すわる
挫 ザ
才 サイ
再 サイ サ ふたたび
災 サイ わざわい
妻 サイ つま

采 サイ
砕 サイ くだく くだける
宰 サイ
栽 サイ
彩 サイ （いろどる）
採 サイ とる
済 サイ すむ すます
祭 サイ まつる まつり
斎 サイ
細 サイ ほそい ほそる こまか こまかい
菜 サイ な
最 サイ もっとも
裁 サイ たつ さばく
債 サイ
催 サイ もよおす
塞 サイ ソク ふさぐ ふさがる
歳 サイ セイ
載 サイ のせる のる
際 サイ （きわ）
埼 さい
在 ザイ ある
材 ザイ
剤 ザイ

財 ザイ サイ
罪 ザイ つみ
崎 さき
作 サク サ つくる
削 サク けずる
昨 サク
柵 サク
索 サク
策 サク
酢 サク す
搾 （サク） しぼる
錯 サク
咲 さく
冊 サツ （サク）
札 サツ ふだ
刷 サツ する
刹 （サツ） セツ
拶 サツ
殺 サツ （サイ） （セツ） ころす
察 サツ
撮 サツ とる
擦 サツ する すれる
雑 ザツ ゾウ
皿 さら

三 サン み みつ みっつ
山 サン やま
参 サン まいる
桟 サン
蚕 サン かいこ
惨 サン （ザン） （みじめ）
産 サン うむ うまれる （うぶ）
傘 （サン） かさ
散 サン ちる ちらす ちらかす ちらかる
算 サン
酸 サン （すい）
賛 サン
残 ザン のこる のこす
斬 ザン きる
暫 ザン

し

士 シ
子 シ ス こ
支 シ ささえる
止 シ とまる とめる
氏 シ うじ
仕 シ （ジ） つかえる

史 シ
司 シ
四 シ よ よつ よっつ よん
市 シ いち
矢 （シ） や
旨 シ （むね）
死 シ しぬ
糸 シ いと
至 シ いたる
伺 （シ） うかがう
志 シ こころざす こころざし
私 シ わたくし わたし
使 シ つかう
刺 シ さす ささる
始 シ はじめる はじまる
姉 シ あね
枝 （シ） えだ
祉 シ
肢 シ
姿 シ すがた
思 シ おもう
指 シ ゆび さす
施 シ （セ） ほどこす

師 シ
恣 シ (恣)
紙 シ かみ
脂 シ あぶら
視 シ
紫 シ むらさき
詞 シ
歯 シ は
嗣 シ
試 シ こころみる ●ためす
詩 シ
資 シ
飼 シ かう
誌 シ
雌 シ め めす
摯 シ
賜 (シ) たまわる
諮 シ はかる
示 ジ ●シ しめす
字 ジ ●あざ
寺 ジ てら
次 ジ ●シ つぐ つぎ
耳 ●ジ みみ

自 ジ シ みずから
似 ●ジ にる
児 ジ ●ニ
事 ジ (ズ) こと
侍 ジ さむらい
治 ジ チ おさめる おさまる なおる なおす
持 ジ もつ
時 ジ とき
滋 ジ
慈 ジ (いつくしむ)
辞 ジ ●やめる
磁 ジ
餌 (ジ) えさ え (餌)
璽 ジ
鹿 しか か
式 シキ
識 シキ
軸 ジク
七 シチ なな ななつ なの
叱 シツ しかる
失 シツ うしなう
室 シツ ●むろ

疾 シツ
執 シツ シュウ とる
湿 シツ しめる しめす
嫉 シツ
漆 シツ うるし
質 シツ ●シチ (チ)
実 ジツ み みのる
芝 しば
写 シャ うつす うつる
社 シャ やしろ
車 シャ くるま
舎 シャ
者 シャ もの
射 シャ いる
捨 シャ すてる
赦 シャ
斜 シャ ななめ
煮 (シャ) にる にえる にやす
遮 シャ さえぎる
謝 シャ ●あやまる
邪 ジャ
蛇 ジャ ダ へび
尺 シャク
借 シャク かりる

酌 シャク (くむ)
釈 シャク
爵 シャク
若 ●ジャク (ニャク) わかい (もしくは)
弱 ジャク よわい よわる よわまる よわめる
寂 ジャク (セキ) さび さびしい さびれる
手 シュ て ●た
主 シュ (ス) ぬし おも
守 シュ ス まもる ●もり
朱 シュ
取 シュ とる
狩 シュ かる かり
首 シュ くび
殊 シュ こと
珠 シュ
酒 シュ さけ さか
腫 シュ はれる はらす
種 シュ たね
趣 シュ おもむき
寿 ジュ ことぶき
受 ジュ うける うかる

呪 ジュ のろう
授 ジュ ●さずける ●さずかる
需 ジュ
儒 ジュ
樹 ジュ
収 シュウ おさめる おさまる
囚 シュウ
州 シュウ ●す
舟 シュウ ふね ふな
秀 シュウ (ひいでる)
周 シュウ まわり
宗 シュウ ●ソウ
拾 ●シュウ ●ジュウ ひろう
秋 シュウ あき
臭 シュウ くさい におう
修 シュウ ●シュ おさめる おさまる
袖 (シュウ) そで
終 シュウ おわる おえる
羞 シュウ
習 シュウ ならう
週 シュウ
就 シュウ (ジュ) ●つく ●つける
衆 シュウ (シュ)

集 シュウ あつまる あつめる ●つどう
愁 シュウ (うれえる) (うれい)
酬 シュウ
醜 シュウ みにくい
蹴 シュウ ける
襲 シュウ おそう
十 ジュウ ジッ とお と
汁 ジュウ しる
充 ジュウ (あてる)
住 ジュウ すむ すまう
柔 ジュウ ニュウ やわらか やわらかい
重 ジュウ チョウ ●え おもい かさねる かさなる
従 ジュウ (ショウ) (ジュ) したがう したがえる
渋 ジュウ しぶ しぶい しぶる
銃 ジュウ
獣 ジュウ けもの
縦 ジュウ たて
叔 シュク
祝 シュク (シュウ) いわう

宿 シュク やど やどる やどす
淑 シュク
粛 シュク
縮 シュク ちぢむ ちぢまる ちぢめる ちぢれる ちぢらす
塾 ジュク
熟 ジュク ●うれる
出 シュツ ●スイ でる だす
述 ジュツ のべる
術 ジュツ
俊 シュン
春 シュン はる
瞬 シュン (またたく)
旬 ジュン シュン
巡 ジュン めぐる
盾 ジュン たて
准 ジュン
殉 ジュン
純 ジュン
循 ジュン
順 ジュン
準 ジュン
潤 ジュン うるおう うるおす うるむ

遵 ジュン
処 ショ
初 ショ はじめ はじめて はつ (うい) ●そめる
所 ショ ところ
書 ショ かく
庶 ショ
暑 ショ あつい
署 ショ
緒 ショ チョ お
諸 ショ
女 ジョ ●ニョ (ニョウ) おんな ●め
如 ジョ (ニョ)
助 ジョ たすける たすかる ●すけ
序 ジョ
叙 ジョ
徐 ジョ
除 ジョ ●ジ のぞく
小 ショウ ちいさい こ お
升 ショウ ます
少 ショウ すくない すこし
召 ショウ めす
匠 ショウ

床 ショウ とこ ゆか
抄 ショウ
肖 ショウ
尚 ショウ
招 ショウ まねく
承 ショウ ●うけたまわる
昇 ショウ のぼる
松 ショウ まつ
沼 (ショウ) ぬま
昭 ショウ
宵 (ショウ) よい
将 ショウ
消 ショウ きえる けす
症 ショウ
祥 ショウ
称 ショウ
笑 ●ショウ わらう ●えむ
唱 ショウ となえる
商 ショウ ●あきなう
渉 ショウ
章 ショウ
紹 ショウ
訟 ショウ
勝 ショウ かつ ●まさる

掌 ショウ
晶 ショウ
焼 ●ショウ やく やける
焦 ショウ こげる こがす こがれる (あせる)
硝 ショウ
粧 ショウ
詔 ショウ (みことのり)
証 ショウ
象 ショウ ゾウ
傷 ショウ きず ●いたむ ●いためる
奨 ショウ
照 ショウ てる てらす てれる
詳 ショウ くわしい
彰 ショウ
障 ショウ (さわる)
憧 ショウ あこがれる
衝 ショウ
賞 ショウ
償 ショウ つぐなう
礁 ショウ
鐘 ショウ かね

上　ジョウ　(ショウ)　うえ　うわ　かみ　あげる　あがる　のぼる　●のぼせる　●のぼす
丈　ジョウ　たけ
冗　ジョウ
条　ジョウ
状　ジョウ
乗　ジョウ　のる　のせる
城　ジョウ　しろ
浄　ジョウ
剰　ジョウ
常　ジョウ　つね　(とこ)
情　ジョウ　(セイ)　なさけ
場　ジョウ　ば
畳　ジョウ　たたむ　たたみ
蒸　ジョウ　●むす　●むれる　●むらす
縄　ジョウ　なわ
壌　ジョウ
嬢　ジョウ
錠　ジョウ
譲　ジョウ　ゆずる
醸　ジョウ　(かもす)
色　ショク　シキ　いろ

拭　(ショク)　ふく　ぬぐう
食　ショク　(ジキ)　くう　(くらう)　たべる
植　ショク　うえる　うわる
殖　ショク　ふえる　ふやす
飾　ショク　かざる
触　ショク　ふれる　さわる
嘱　ショク
織　(ショク)　シキ　おる
職　ショク
辱　ジョク　(はずかしめる)
尻　しり
心　シン　こころ
申　●シン　もうす
伸　シン　のびる　のばす　のべる
臣　シン　ジン
芯　シン
身　シン　み
辛　シン　からい
侵　シン　おかす
信　シン
津　(シン)　つ
神　シン　ジン　かみ　●かん　(こう)

唇　(シン)　くちびる
娠　シン
振　シン　ふる　ふるう　ふれる
浸　シン　ひたす　ひたる
真　シン　ま
針　シン　はり
深　シン　ふかい　ふかまる　ふかめる
紳　シン
進　シン　すすむ　すすめる
森　シン　もり
診　シン　みる
寝　シン　ねる　ねかす
慎　シン　つつしむ
新　シン　あたらしい　あらた　●にい
審　シン
震　シン　ふるう　ふるえる
薪　シン　たきぎ
親　シン　おや　したしい　したしむ
人　ジン　ニン　ひと
刃　(ジン)　は
仁　ジン　●ニ

尽　ジン　つくす　つきる　つかす
迅　ジン
甚　(ジン)　はなはだ　はなはだしい
陣　ジン
尋　ジン　たずねる
腎　ジン

す

須　ス
図　ズ　ト　●はかる
水　スイ　みず
吹　スイ　ふく
垂　スイ　たれる　たらす
炊　スイ　たく
帥　スイ
粋　スイ　いき
衰　スイ　おとろえる
推　スイ　●おす
酔　スイ　よう
遂　スイ　とげる
睡　スイ
穂　(スイ)　ほ
随　ズイ
髄　ズイ

枢　スウ
崇　スウ
数　スウ　(ス)　かず　かぞえる
据　すえる　すわる
杉　すぎ
裾　すそ
寸　スン

せ

瀬　せ
是　ゼ
井　(セイ)　ショウ　い
世　セイ　セ　よ
正　セイ　ショウ　ただしい　ただす　まさ
生　セイ　ショウ　いきる　いかす　いける　うまれる　うむ　●おう　はえる　はやす　●き　なま
成　セイ　(ジョウ)　なる　なす
西　セイ　サイ　にし
声　セイ　(ショウ)　こえ　●こわ
制　セイ
姓　セイ　ショウ
征　セイ
性　セイ　●ショウ
青　セイ　(ショウ)　あお　あおい

斉　セイ
政　セイ　(ショウ)　(まつりごと)
星　セイ　●ショウ　ほし
牲　セイ
省　セイ　ショウ　●かえりみる　はぶく
凄　セイ
逝　セイ　(ゆく)　(いく)
清　セイ　(ショウ)　きよい　きよまる　きよめる
盛　●セイ　(ジョウ)　もる　●さかる　●さかん
婿　(セイ)　むこ
晴　セイ　はれる　はらす
勢　セイ　いきおい
聖　セイ
誠　セイ　●まこと
精　セイ　●ショウ
製　セイ
誓　セイ　ちかう
静　セイ　●ジョウ　しず　しずか　しずまる　しずめる
請　セイ　(シン)　(こう)　うける
整　セイ　ととのえる　ととのう
醒　セイ
税　ゼイ

夕　●セキ　ゆう
斥　セキ
石　セキ　シャク　●コク　いし
赤　セキ　(シャク)　あか　あかい　あからむ　あからめる
昔　(セキ)　●シャク　むかし
析　セキ
席　セキ
脊　セキ
隻　セキ
惜　セキ　おしい　おしむ
戚　セキ
責　セキ　せめる
跡　セキ　あと
積　セキ　つむ　つもる
績　セキ
籍　セキ
切　セツ　●サイ　きる　きれる
折　セツ　おる　おり　おれる
拙　セツ　つたない
窃　セツ
接　セツ　(つぐ)
設　セツ　もうける
雪　セツ　ゆき

摂　セツ
節　セツ　(セチ)　ふし
説　セツ　(ゼイ)　とく
舌　●ゼツ　した
絶　ゼツ　たえる　たやす　たつ
千　セン　ち
川　●セン　かわ
仙　セン
占　セン　しめる　うらなう
先　セン　さき
宣　セン
専　セン　●もっぱら
泉　セン　いずみ
浅　●セン　あさい
洗　セン　あらう
染　●セン　そめる　そまる　(しみる)　(しみ)
扇　セン　おうぎ
栓　セン
旋　セン
船　セン　ふね　ふな
戦　セン　●いくさ　たたかう
煎　セン　いる
(煎)

羨　(セン)　うらやむ　うらやましい
腺　セン
詮　セン
(詮)
践　セン
箋　セン
(箋)
銭　セン　●ぜに
潜　セン　ひそむ　もぐる
線　セン
遷　セン
選　セン　えらぶ
薦　セン　すすめる
繊　セン
鮮　セン　あざやか
全　ゼン　まったく　すべて
前　ゼン　まえ
善　ゼン　よい
然　ゼン　ネン
禅　ゼン
漸　ゼン
膳　ゼン
繕　ゼン　つくろう

そ

狙　ソ　ねらう
阻　ソ　(はばむ)
祖　ソ
租　ソ
素　ソ　●ス
措　ソ
粗　ソ　あらい
組　ソ　くむ　くみ
疎　ソ　(うとい)　(うとむ)
訴　ソ　うったえる
塑　ソ
遡　(ソ)　さかのぼる
(遡)
礎　ソ　(いしずえ)
双　ソウ　ふた
壮　ソウ
早　ソウ　●サッ　はやい　はやまる　はやめる
争　ソウ　あらそう
走　ソウ　はしる
奏　ソウ　(かなでる)
相　ソウ　●ショウ　あい
荘　ソウ

草 ソウ くさ
送 ソウ おくる
倉 ソウ くら
捜 ソウ さがす
挿 ソウ さす
桑 (ソウ) くわ
巣 (ソウ) す
掃 ソウ はく
曹 ソウ
曽 ソウ ゾ
爽 ソウ さわやか
窓 ソウ まど
創 ソウ つくる
喪 ソウ も
痩 (ソウ) やせる
葬 ソウ (ほうむる)
装 ソウ ●ショウ (よそおう)
僧 ソウ
想 ソウ (ソ)
層 ソウ
総 ソウ
遭 ソウ あう
槽 ソウ
踪 ソウ

操 ソウ (みさお) ●あやつる
燥 ソウ
霜 (ソウ) しも
騒 ソウ さわぐ
藻 ソウ も
造 ゾウ つくる
像 ゾウ
増 ゾウ ます ふえる ふやす
憎 ゾウ にくむ にくい にくらしい にくしみ
蔵 ゾウ ●くら
贈 ゾウ ソウ おくる
臓 ゾウ
即 ソク
束 ソク たば
足 ソク あし たりる たる たす
促 ソク うながす
則 ソク
息 ソク いき
捉 ソク とらえる
速 ソク はやい はやめる はやまる ●すみやか
側 ソク がわ
測 ソク はかる

俗 ゾク
族 ゾク
属 ゾク
賊 ゾク
続 ゾク つづく つづける
卒 ソツ
率 ●ソツ リツ ひきいる
存 ソン ゾン
村 ソン むら
孫 ソン まご
尊 ソン たっとい とうとい たっとぶ とうとぶ
損 ソン ●そこなう ●そこねる
遜(遜) ソン

た

他 タ ほか
多 タ おおい
汰 タ
打 ダ うつ
妥 ダ
唾 ダ つば
堕 ダ
惰 ダ

駄 ダ
太 タイ タ ふとい ふとる
対 タイ ●ツイ
体 タイ ●テイ からだ
耐 タイ たえる
待 タイ まつ
怠 タイ おこたる なまける
胎 タイ
退 タイ しりぞく しりぞける
帯 タイ おびる おび
泰 タイ
堆 タイ
袋 (タイ) ふくろ
逮 タイ
替 タイ かえる かわる
貸 ●タイ かす
隊 タイ
滞 タイ とどこおる
態 タイ
戴 タイ
大 ダイ タイ おお おおきい おおいに
代 ダイ タイ かわる かえる よ ●しろ
台 ダイ タイ

第 ダイ
題 ダイ
滝 たき
宅 タク
択 タク
沢 タク さわ
卓 タク
拓 タク
託 タク
濯 タク
諾 ダク
濁 ダク にごる にごす
但 ただし
達 タツ
脱 ダツ ぬぐ ぬげる
奪 ダツ うばう
棚 たな
誰 だれ
丹 タン
旦 タン ダン
担 タン (かつぐ) (になう)
単 タン
炭 タン すみ
胆 タン

探 タン ●さぐる さがす
淡 タン あわい
短 タン みじかい
嘆 タン なげく なげかわしい
端 タン はし (は) はた
綻 タン ほころびる
誕 タン
鍛 タン きたえる
団 ダン (トン)
男 ダン ナン おとこ
段 ダン
断 ダン ●たつ ことわる
弾 ダン ひく はずむ たま
暖 ダン あたたか あたたかい あたたまる あたためる
談 ダン
壇 ダン (タン)

ち

地 チ ジ
池 チ いけ
知 チ しる
値 チ ね ●あたい

恥 チ はじる はじ はじらう はずかしい
致 チ いたす
遅 チ おくれる おくらす おそい
痴 チ
稚 チ
置 チ おく
緻 チ
竹 チク たけ
畜 チク
逐 チク
蓄 チク たくわえる
築 チク きずく
秩 チツ
窒 チツ
茶 チャ ●サ
着 チャク (ジャク) きる きせる つく つける
嫡 チャク
中 チュウ ジュウ なか
仲 ●チュウ なか
虫 チュウ むし
沖 (チュウ) おき

宙 チュウ
忠 チュウ
抽 チュウ
注 チュウ そそぐ
昼 チュウ ひる
柱 チュウ はしら
衷 チュウ
酎 チュウ
鋳 チュウ いる
駐 チュウ
著 チョ ●あらわす ●いちじるしい
貯 チョ
丁 チョウ ●テイ
弔 チョウ とむらう
庁 チョウ
兆 チョウ (きざす) (きざし)
町 チョウ まち
長 チョウ ながい
挑 チョウ いどむ
帳 チョウ
張 チョウ はる
彫 チョウ ほる
眺 チョウ ながめる
釣 (チョウ) つる

頂 チョウ いただく いただき
鳥 チョウ とり
朝 チョウ あさ
貼 チョウ はる
超 チョウ こえる こす
腸 チョウ
跳 チョウ はねる とぶ
徴 チョウ
嘲(嘲) チョウ あざける
潮 チョウ しお
澄 (チョウ) すむ すます
調 チョウ しらべる ●ととのう ●ととのえる
聴 チョウ きく
懲 チョウ こりる こらす こらしめる
直 チョク ジキ ただちに なおす なおる
勅 チョク
捗(捗) チョク
沈 チン しずむ しずめる
珍 チン めずらしい
朕 チン

陳 チン
賃 チン
鎮 チン (しずめる) (しずまる)

つ

追 ツイ おう
椎 ツイ
墜 ツイ
通 ツウ (ツ) とおる とおす かよう
痛 ツウ いたい いたむ いためる
塚 つか
漬 つける つかる
坪 つぼ
爪 つめ つま
鶴 つる

て

低 テイ ひくい ひくめる ひくまる
呈 テイ
廷 テイ
弟 ●テイ ダイ ●デ おとうと
定 テイ ジョウ さだめる さだまる (さだか)
底 テイ そこ

抵 テイ
邸 テイ
亭 テイ
貞 テイ
帝 テイ
訂 テイ
庭 テイ にわ
逓 テイ
停 テイ
偵 テイ
堤 テイ つつみ
提 テイ ●さげる
程 テイ ●ほど
艇 テイ
締 テイ しまる しめる
諦 テイ あきらめる
泥 (デイ) どろ
的 テキ まと
笛 テキ ふえ
摘 テキ つむ
滴 テキ しずく (したたる)
適 テキ
敵 テキ ●かたき

溺(溺) デキ おぼれる
迭 テツ
哲 テツ
鉄 テツ
徹 テツ
撤 テツ
天 テン (あめ) あま
典 テン
店 テン みせ
点 テン
展 テン
添 テン そえる そう
転 テン ころがる ころげる ころがす ころぶ
塡(塡) テン
田 デン た
伝 デン つたわる つたえる つたう
殿 デン テン との どの
電 デン

と

斗 ト
吐 ト はく
妬 ト ねたむ
徒 ト
途 ト
都 ト ツ みやこ
渡 ト わたる わたす
塗 ト ぬる
賭(賭) ト かける
土 ド ト つち
奴 ド
努 ド つとめる
度 ド (ト) ●タク ●たび
怒 ド いかる おこる
刀 トウ かたな
冬 トウ ふゆ
灯 トウ (ひ)
当 トウ あたる あてる
投 トウ なげる
豆 トウ ズ まめ
東 トウ ひがし
到 トウ

逃 トウ にげる にがす のがす のがれる
倒 トウ たおれる たおす
凍 トウ こおる こごえる
唐 トウ から
島 トウ しま
桃 トウ もも
討 トウ ●うつ
透 トウ すく すかす すける
党 トウ
悼 トウ (いたむ)
盗 トウ ぬすむ
陶 トウ
塔 トウ
搭 トウ
棟 トウ むね (むな)
湯 トウ ゆ
痘 トウ
登 トウ ト のぼる
答 トウ こたえる こたえ
等 トウ ひとしい
筒 トウ つつ
統 トウ (すべる)

稲 トウ いね いな
踏 トウ ふむ ふまえる
糖 トウ
頭 トウ ズ (ト) あたま ●かしら
謄 トウ
藤 トウ ふじ
闘 トウ たたかう
騰 トウ
同 ドウ おなじ
洞 ドウ ほら
胴 ドウ
動 ドウ うごく うごかす
堂 ドウ
童 ドウ ●わらべ
道 ドウ (トウ) みち
働 ドウ はたらく
銅 ドウ
導 ドウ みちびく
瞳 ドウ ひとみ
峠 とうげ
匿 トク
特 トク
得 トク える ●うる

督 トク
徳 トク
篤 トク
毒 ドク
独 ドク ひとり
読 ドク トク トウ よむ
栃 とち
凸 トツ
突 トツ つく
届 とどける とどく
屯 トン
豚 トン ぶた
頓 トン
貪 ドン むさぼる
鈍 ドン にぶい にぶる
曇 ドン くもる
丼 どんぶり どん

な

那 ナ
奈 ナ
内 ナイ ●ダイ うち
梨 なし
謎(謎) なぞ

鍋 なべ
南 ナン (ナ) みなみ
軟 ナン やわらか やわらかい
難 ナン (かたい) むずかしい

に

二 ニ ふた ふたつ
尼 (ニ) あま
弐 ニ
匂 におう
肉 ニク
虹 にじ
日 ニチ ジツ ひ か
入 ニュウ いる いれる はいる
乳 ニュウ ちち ●ち
尿 ニョウ
任 ニン まかせる まかす
妊 ニン
忍 ニン しのぶ しのばせる
認 ニン ●みとめる

ね

寧 ネイ
熱 ネツ あつい
年 ネン とし

念 ネン
捻 ネン
粘 ネン ねばる
燃 ネン もえる もやす もす

の

悩 ノウ なやむ なやます
納 ノウ ●ナッ (ナ) (ナン) ●トウ おさめる おさまる
能 ノウ
脳 ノウ
農 ノウ
濃 ノウ こい

は

把 ハ
波 ハ なみ
派 ハ
破 ハ やぶる やぶれる
覇 ハ
馬 バ うま (ま)
婆 バ
罵 バ ののしる
拝 ハイ おがむ
杯 ハイ さかずき

背 ハイ せ せい ●そむく ●そむける
肺 ハイ
俳 ハイ
配 ハイ くばる
排 ハイ
敗 ハイ やぶれる
廃 ハイ すたれる すたる
輩 ハイ
売 バイ うる うれる
倍 バイ
梅 バイ うめ
培 バイ (つちかう)
陪 バイ
媒 バイ
買 バイ かう
賠 バイ
白 ハク (ビャク) しろ しら しろい
伯 ハク
拍 ハク ヒョウ
泊 ハク とまる とめる
迫 ハク せまる
剝(剥) ハク はがす はぐ はがれる はげる

舶 ハク
博 ハク (バク)
薄 ハク うすい うすめる うすまる うすらぐ うすれる
麦 ●バク むぎ
漠 バク
縛 バク しばる
爆 バク
箱 はこ
箸(箸) はし
畑 はた はたけ
肌 はだ
八 ハチ や やっつ やつ よう
鉢 ハチ (ハツ)
発 ハツ ●ホツ
髪 ハツ かみ
伐 バツ
抜 バツ ぬく ぬける ぬかす ぬかる
罰 バツ バチ
閥 バツ
反 ハン ●タン (ホン) そる そらす
半 ハン なかば

氾 ハン　犯 ハン おかす　帆 ハン ほ　汎 ハン　伴 ハン バン ともなう　判 ハン バン　坂 （ハン） さか　阪 ハン　板 ハン バン いた　版 ハン　班 ハン　畔 ハン　般 ハン　販 ハン　斑 ハン　飯 ハン めし　搬 ハン　煩 ハン （ボン） わずらう わずらわす　頒 ハン　範 ハン　繁 ハン　藩 ハン　晩 バン　番 バン

蛮 バン　盤 バン

ひ

比 ヒ くらべる　皮 ヒ かわ　妃 ヒ　否 ヒ （いな）　批 ヒ　彼 ヒ かれ かの　披 ヒ　肥 ヒ こえる こえ こやす こやし　非 ヒ　卑 ヒ （いやしい） （いやしむ） （いやしめる）　飛 ヒ とぶ とばす　疲 ヒ つかれる　秘 ヒ ひめる　被 ヒ こうむる　悲 ヒ かなしい かなしむ　扉 （ヒ） とびら　費 ヒ ついやす ついえる　碑 ヒ　罷 ヒ

避 ヒ さける　尾 ビ お　眉 （ビ） ミ まゆ　美 ビ うつくしい　備 ビ そなえる そなわる　微 ビ　鼻 ビ はな　膝 ひざ　肘 ひじ　匹 ヒツ ひき　必 ヒツ かならず　泌 ヒツ （ヒ）　筆 ヒツ ふで　姫 ひめ　百 ヒャク　氷 ヒョウ こおり （ひ）　表 ヒョウ おもて あらわす あらわれる　俵 ヒョウ たわら　票 ヒョウ　評 ヒョウ　漂 ヒョウ ただよう　標 ヒョウ　苗 （ビョウ） なえ なわ

秒 ビョウ　病 ビョウ （ヘイ） やむ やまい　描 ビョウ えがく かく　猫 （ビョウ） ねこ　品 ヒン しな　浜 ヒン はま　貧 ヒン ビン まずしい　賓 ヒン　頻 ヒン　敏 ビン　瓶 ビン

ふ

不 フ ブ　夫 フ フウ おっと　父 フ ちち　付 フ つける つく　布 フ ぬの　扶 フ　府 フ　怖 フ こわい　阜 フ　附 フ　訃 フ　負 フ まける まかす おう

赴 フ おもむく　浮 フ うく うかれる うかぶ うかべる　婦 フ　符 フ　富 フ （フウ） とむ とみ　普 フ　腐 フ くさる くされる くさらす　敷 （フ） しく　膚 フ　賦 フ　譜 フ　侮 ブ （あなどる）　武 ブ ム　部 ブ　舞 ブ まう まい　封 フウ ホウ　風 フウ （フ） かぜ かざ　伏 フク ふせる ふす　服 フク　副 フク　幅 フク はば　復 フク

福 フク　腹 フク はら　複 フク　覆 フク おおう （くつがえす） （くつがえる）　払 （フツ） はらう　沸 フツ わく わかす　仏 ブツ ほとけ　物 ブツ モツ もの　粉 フン こ こな　紛 フン まぎれる まぎらす まぎらわす まぎらわしい　雰 フン　噴 フン ふく　墳 フン　憤 フン （いきどおる）　奮 フン ふるう　分 ブン フン ブ わける わかれる わかる わかつ　文 ブン モン ふみ　聞 ブン （モン） きく きこえる

へ

丙 ヘイ　平 ヘイ ビョウ たいら ひら

兵 ヘイ （ヒョウ）　併 ヘイ あわせる　並 ヘイ なみ ならべる ならぶ ならびに　柄 （ヘイ） がら え　陛 ヘイ　閉 ヘイ とじる とざす しめる しまる　塀 ヘイ　幣 ヘイ　弊 ヘイ　（蔽）蔽 ヘイ　（餠）餅 ヘイ もち　米 ベイ マイ こめ　壁 ヘキ かべ　璧 ヘキ　癖 ヘキ くせ　別 ベツ わかれる　蔑 ベツ さげすむ　片 ヘン かた　辺 ヘン あたり べ　返 ヘン かえす かえる

変 ヘン かわる かえる　偏 ヘン かたよる　遍 ヘン　編 ヘン あむ　弁 ベン　便 ベン ビン たより　勉 ベン

ほ

歩 ホ ブ （フ） あるく あゆむ　保 ホ たもつ　哺 ホ　捕 ホ とらえる とらわれる とる つかまえる つかまる　補 ホ おぎなう　舗 ホ　母 ボ はは　募 ボ つのる　墓 ボ はか　慕 ボ したう　暮 ボ くれる くらす　簿 ボ　方 ホウ かた　包 ホウ つつむ

芳 ホウ （かんばしい）　邦 ホウ　奉 ホウ ブ （たてまつる）　宝 ホウ たから　抱 ホウ だく いだく かかえる　放 ホウ はなす はなつ はなれる ほうる　法 ホウ （ハッ） （ホッ）　泡 ホウ あわ　胞 ホウ　俸 ホウ　倣 ホウ （ならう）　峰 ホウ みね　砲 ホウ　崩 ホウ くずれる くずす　訪 ホウ おとずれる たずねる　報 ホウ むくいる　蜂 ホウ はち　豊 ホウ ゆたか　飽 ホウ あきる あかす　褒 （ホウ） ほめる　縫 ホウ ぬう　亡 ボウ （モウ） （ない）

乏 ボウ とぼしい　忙 ボウ いそがしい　坊 ボウ ボッ　妨 ボウ さまたげる　忘 ボウ わすれる　防 ボウ ふせぐ　房 ボウ ふさ　肪 ボウ　某 ボウ　冒 ボウ おかす　剖 ボウ　紡 ボウ （つむぐ）　望 ボウ モウ のぞむ　傍 ボウ （かたわら）　帽 ボウ　棒 ボウ　貿 ボウ　貌 ボウ　暴 ボウ バク （あばく） あばれる　膨 ボウ ふくらむ ふくれる　謀 ボウ （ム） （はかる）　（頰）頬 ほお

北 ホク きた
木 ボク モク き こ
朴 ボク
牧 ボク まき
睦 ボク
僕 ボク
墨 ボク すみ
撲 ボク
没 ボツ
勃 ボツ
堀 ほり
本 ホン もと
奔 ホン
翻 ホン (ひるがえる) (ひるがえす)
凡 ボン (ハン)
盆 ボン

ま

麻 マ あさ
摩 マ
磨 マ みがく
魔 マ
毎 マイ
妹 マイ いもうと
枚 マイ
昧 マイ
埋 マイ うめる うまる うもれる
幕 マク バク
膜 マク
枕 まくら
又 また
末 マツ (バツ) すえ
抹 マツ
万 マン バン
満 マン みちる みたす
慢 マン
漫 マン

み

未 ミ
味 ミ あじ あじわう
魅 ミ
岬 みさき
密 ミツ
蜜 ミツ
脈 ミャク
妙 ミョウ
民 ミン たみ
眠 ミン ねむる ねむい

む

矛 ム ほこ
務 ム つとめる つとまる
無 ム ブ ない
夢 ム ゆめ
霧 ム きり
娘 むすめ

め

名 メイ ミョウ な
命 メイ ミョウ いのち
明 メイ ミョウ あかり あかるい あかるむ あからむ あきらか あける あく あくる あかす
迷 メイ まよう
冥 メイ (ミョウ)
盟 メイ
銘 メイ
鳴 メイ なく なる ならす
滅 メツ ほろびる ほろぼす
免 メン (まぬかれる)
面 メン おも おもて (つら)
綿 メン わた
麺 メン

も

茂 モ しげる
模 モ ボ
毛 モウ け
妄 モウ (ボウ)
盲 モウ
耗 モウ (コウ)
猛 モウ
網 モウ あみ
目 モク ボク め (ま)
黙 モク だまる
門 モン かど
紋 モン
問 モン とう とい とん

や

冶 ヤ
夜 ヤ よ よる
野 ヤ の
弥 や
厄 ヤク
役 ヤク エキ
約 ヤク
訳 ヤク わけ
薬 ヤク くすり
躍 ヤク おどる
闇 やみ

ゆ

由 ユ ユウ (ユイ) (よし)
油 ユ あぶら
喩 ユ (喻)
愉 ユ
諭 ユ さとす
輸 ユ
癒 ユ いえる いやす
唯 ユイ (イ)
友 ユウ とも
有 ユウ ウ ある
勇 ユウ いさむ
幽 ユウ
悠 ユウ
郵 ユウ
湧 ユウ わく
猶 ユウ
裕 ユウ
遊 ユウ (ユ) あそぶ
雄 ユウ お おす
誘 ユウ さそう
憂 ユウ うれえる うれい (うい)
融 ユウ
優 ユウ やさしい すぐれる

よ

与 ヨ あたえる
予 ヨ
余 ヨ あまる あます
誉 ヨ ほまれ
預 ヨ あずける あずかる
幼 ヨウ おさない
用 ヨウ もちいる
羊 ヨウ ひつじ
妖 ヨウ あやしい
洋 ヨウ
要 ヨウ かなめ いる
容 ヨウ
庸 ヨウ
揚 ヨウ あげる あがる
揺 ヨウ ゆれる ゆる ゆらぐ ゆるぐ ゆする ゆさぶる ゆすぶる
葉 ヨウ は
陽 ヨウ
溶 ヨウ とける とかす とく
腰 (ヨウ) こし
様 ヨウ さま
瘍 ヨウ
踊 ヨウ おどる おどり
窯 (ヨウ) かま
養 ヨウ やしなう
擁 ヨウ
謡 ヨウ (うたい) (うたう)
曜 ヨウ
抑 ヨク おさえる
沃 ヨク
浴 ヨク あびる あびせる
欲 ヨク (ほっする) ほしい
翌 ヨク
翼 ヨク つばさ

ら

拉 ラ
裸 ラ はだか
羅 ラ
来 ライ くる きたる きたす
雷 ライ かみなり
頼 ライ たのむ たのもしい たよる
絡 ラク (からむ) (からまる) (からめる)
落 ラク おちる おとす
酪 ラク
辣 ラツ
乱 ラン みだれる みだす
卵 ラン たまご
覧 ラン
濫 ラン
藍 (ラン) あい
欄 ラン

り

吏 リ
利 リ (きく)
里 リ さと
理 リ
痢 リ
裏 リ うら
履 リ はく
璃 リ
離 リ はなれる はなす
陸 リク
立 リツ (リュウ) たつ たてる
律 リツ (リチ)
慄 リツ
略 リャク
柳 リュウ やなぎ
流 リュウ (ル) ながれる ながす
留 リュウ ル とめる とまる
竜 リュウ たつ
粒 リュウ つぶ
隆 リュウ
硫 リュウ
侶 リョ
旅 リョ たび
虜 リョ
慮 リョ
了 リョウ
両 リョウ
良 リョウ よい
料 リョウ
涼 リョウ すずしい すずむ
猟 リョウ
陵 リョウ (みささぎ)
量 リョウ はかる
僚 リョウ
領 リョウ
寮 リョウ
療 リョウ
瞭 リョウ
糧 リョウ (ロウ) (かて)
力 リョク リキ ちから
緑 リョク (ロク) みどり
林 リン はやし
厘 リン
倫 リン
輪 リン わ
隣 リン となる となり
臨 リン のぞむ

る

瑠 ル
涙 ルイ なみだ
累 ルイ
塁 ルイ
類 ルイ たぐい

れ

令 レイ
礼 レイ (ライ)
冷 レイ つめたい ひえる ひや ひやす ひやかす さめる さます

漢字

励 レイ はげむ はげます
戻 (レイ) もどす もどる
例 レイ たとえる
鈴 レイ リン すず
零 レイ
霊 レイ (リョウ) (たま)
隷 レイ
齢 レイ
麗 レイ (うるわしい)
暦 レキ こよみ
歴 レキ
列 レツ
劣 レツ おとる
烈 レツ
裂 レツ さく さける
恋 レン こう こい こいしい
連 レン つらなる つらねる つれる
廉 レン
練 レン ねる
錬 レン

ろ

呂 ロ
炉 ロ
賂 ロ
路 ロ じ
露 ロ ロウ つゆ
老 ロウ おいる (ふける)
労 ロウ
弄 ロウ もてあそぶ
郎 ロウ
朗 ロウ ●ほがらか
浪 ロウ
廊 ロウ
楼 ロウ
漏 ロウ もる もれる もらす
籠 (ロウ) かご こもる
六 ロク む むっつ むつ むい
麓 ロク ふもと
録 ロク
論 ロン

わ

和 ワ (オ) ●やわらぐ ●やわらげる ●なごむ ●なごやか
話 ワ はなす はなし
賄 ワイ まかなう
脇 わき
惑 ワク まどう
枠 わく
湾 ワン
腕 ワン うで

●「常用漢字表」の「付表」の語

明日　あす
小豆　あずき
海女・海士　あま
硫黄　いおう
意気地　いくじ
田舎　いなか
息吹　いぶき
海原　うなばら
乳母　うば
浮気　うわき
浮つく　うわつく
笑顔　えがお
叔父・伯父　おじ
大人　おとな
乙女　おとめ
叔母・伯母　おば
お巡りさん　おまわりさん
お神酒　おみき
母屋・母家　おもや

母さん　かあさん
神楽　かぐら
河岸　かし
鍛冶　かじ
風邪　かぜ
固唾　かたず
仮名　かな
蚊帳　かや
為替　かわせ
河原・川原　かわら
昨日　きのう
今日　きょう
果物　くだもの
玄人　くろうと
今朝　けさ
景色　けしき
心地　ここち
居士　こじ
今年　ことし
早乙女　さおとめ
雑魚　ざこ
桟敷　さじき

差し支える　さしつかえる
五月　さつき
早苗　さなえ
五月雨　さみだれ
時雨　しぐれ
尻尾　しっぽ
竹刀　しない
老舗　しにせ
芝生　しばふ
清水　しみず
三味線　しゃみせん
砂利　じゃり
数珠　じゅず
上手　じょうず
白髪　しらが
素人　しろうと
師走　しわす(しはす)
数寄屋・数奇屋　すきや
相撲　すもう
草履　ぞうり
山車　だし
太刀　たち

立ち退く　たちのく
七夕　たなばた
足袋　たび
稚児　ちご
一日　ついたち
築山　つきやま
梅雨　つゆ
凸凹　でこぼこ
手伝う　てつだう
伝馬船　てんません
投網　とあみ
父さん　とうさん
十重二十重　とえはたえ
読経　どきょう
時計　とけい
友達　ともだち
仲人　なこうど
名残　なごり
雪崩　なだれ
兄さん　にいさん
姉さん　ねえさん
野良　のら
祝詞　のりと

博士　はかせ
二十(歳)　はたち
二十日　はつか
波止場　はとば
一人　ひとり
日和　ひより
二人　ふたり
二日　ふつか
吹雪　ふぶき
下手　へた
部屋　へや
迷子　まいご
真面目　まじめ
真っ赤　まっか
真っ青　まっさお
土産　みやげ
息子　むすこ
眼鏡　めがね
猛者　もさ
紅葉　もみじ
木綿　もめん
最寄り　もより
八百長　やおちょう

八百屋　やおや
大和　やまと
弥生　やよい
浴衣　ゆかた
行方　ゆくえ
寄席　よせ
若人　わこうど

漢字

《参考文献》

『学校文法概説』永野　賢著　朝倉書店
『悪文の自己診断と治療の実際』永野　賢著　至文堂
『何でもわかる　文章の百科事典』平井昌夫著　三省堂
『学研　現代新国語辞典』金田一春彦編　学習研究社
『日本国語大辞典　第二版』全 13 巻　小学館国語辞典編集部編　小学館
『新明解国語辞典　第六版』山田忠雄ほか編　三省堂
『現代国語例解辞典　第一版』尚学図書編、林巨樹監修　小学館
『全訳 漢辞海　初版』佐藤進・濱口富士雄編、戸川芳郎監修　三省堂
『現代漢和辞典』木村秀次・黒沢弘光編　大修館書店
『現代漢語例解辞典　第一版』尚学図書編、林大監修　小学館
『例解慣用句辞典』井上宗雄監修　創拓社
『明鏡ことわざ成句使い方辞典』北原保雄編著、加藤博康著　大修館書店
『故事ことわざ辞典』宮腰賢編　旺文社
『例解学習ことわざ辞典　第二版』小学館国語辞典編集部編　小学館
『現代形容詞用法辞典』飛田良文・浅田秀子著　東京堂出版
『活用自在反対語対照語辞典』反対語対照語辞典編纂委員会編　柏書房
『数え方の辞典』飯田朝子著、町田健監修　小学館
『暮らしのことば擬音・擬態語辞典』山口仲美編　講談社
『類語大辞典』柴田武・山田進編　講談社
『分類語彙表　増補改訂版』国立国語研究所編　大日本図書
『敬語』菊地康人著　講談社学術文庫
『敬語再入門』菊地康人著　丸善ライブラリー
『敬語の指針』（文化審議会答申　平成十九年二月）
『平成 19 年度版　日本語検定公式 1 ～ 6 級過去・模擬問題集』矢田勉監修、石川昌紀・小木曽智信・近藤明日子・日本語検定委員会著　東京書籍
『平成 20 年度第 1 回版　日本語検定公式 1 ～ 6 級過去・練習問題集』矢田勉監修、石川昌紀・小木曽智信・近藤明日子・日本語検定委員会著　東京書籍
『広辞苑　第六版（別冊付録）』岩波書店
『明鏡国語辞典』大修館書店
『精選国語辞典　新訂版』明治書院
『国語表現ハンドブック　新訂版』明治書院
『公用文の書き表し方の基準（資料集）　増補版』　文化庁
『改訂新版　朝日新聞の用語の手引き』　朝日新聞社
『新版　朝日新聞の漢字用語辞典』　朝日新聞社

日本語《にほんご》検定《けんてい》公式《こうしき》テキスト・例題集《れいだいしゅう》　「日本語《にほんご》」上級《じょうきゅう》　増補《ぞうほ》改訂版《かいていばん》

第 1 刷発行　2016 年 9 月 4 日
第 7 刷発行　2025 年 3 月 24 日

著　　者　須永哲矢・安達雅夫・川本信幹・速水博司

発 行 者　渡辺能理夫
発 行 所　東京書籍株式会社
東京都北区堀船 2-17-1　〒 114-8524
電話 03-5390-7531（営業）03-5390-7455（編集）

印刷・製本　TOPPANクロレ株式会社

ISBN978-4-487-81051-2　C0081

https://www.tokyo-shoseki.co.jp
日本語検定委員会　https://www.nihongokentei.jp